A mia madre Maria

Gennaio 1941. «Si è perpetrato un altro grande misfatto contro la Chiesa e la Patria, contro la Religione e l'Arte. A mia insaputa e senza il mio consenso, in questi giorni viene demolita la Chiesa di San Matteo in Teramo. Lo scempio della Chiesa è un triste presagio per noi. Ma sono forse impazziti quelli che comandano a Teramo? Il popolo diceva: la viltà, il tradimento, la prepotenza, la falsità e la ingiustizia hanno trionfato... Se i colpevoli sfuggiranno alla giustizia degli uomini, non potranno sfuggire alla giustizia di Dio. L'Abisso invoca l'Abisso». Con queste parole Don Lorenzo Di Paolo, Parroco Rettore di San Matteo, primo paladino delle sorti della chiesa, tuonava per l'evento irreparabile che cancellava per sempre l'antica chiesa teramana. E per la sacrilega demolizione si profilò da parte del Vaticano l'invio dell'interdetto[1] sulla città di Teramo...

La minaccia che a più riprese gravò sull'edificio sacro sin dal 1821 si era infine concretizzata, e se centoventi anni prima alla sorte della chiesa si mostrò indifferente lo stesso Vescovo di Teramo - il quale interpellato dal Comune perché si accollasse le spese per il suo

---

1 L'interdetto è una punizione ecclesiastica della Chiesa Cattolica che comporta la sospensione di tutte le manifestazioni pubbliche di culto e il ritiro dei sacramenti della Chiesa dal territorio. Un interdetto emesso contro una città o una nazione era l'equivalente di un atto di scomunica nei confronti di un individuo. Un interdetto faceva sì che tutte le chiese venissero chiuse, e quasi tutti i sacramenti non venivano permessi (ovvero venivano impediti matrimonio, confessione, estrema unzione ed eucarestia).

restauro, affermò laconicamente che questa «più non servisse che al solo comodo dei collegiali» - la demolizione del tempio situato in Corso San Giorgio di fronte alla Prefettura provocò accese polemiche e fu consegnata alla memoria come espressione della prepotenza fascista. Fu veramente un destino che non poteva essere mutato quello della chiesa di San Matteo, alla cui eliminazione in parte non fu estranea la stessa Curia aprutina?[2]

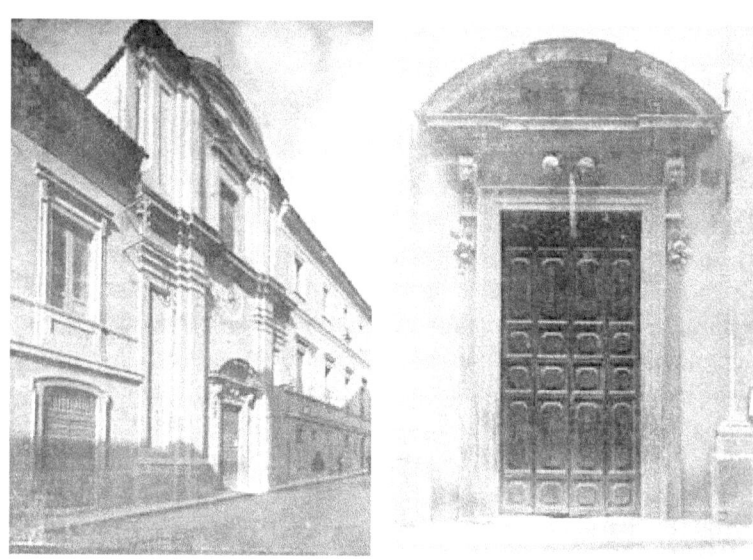

Chiesa di San Matteo – Facciata e portale

---

2 Questa ricostruzione della vicenda della chiesa di San Matteo è basata, salvo dove diversamente indicato, sulla seguente documentazione:

a) Archivio del Comune di Teramo: *"Notizie storiche sulla Chiesa di San Matteo"*, Busta 195, Fascicolo 1; *"Chiesa di San Matteo. Chiusura per ragioni di pubblica incolumità"*, Busta 195, Fascicolo 9;

b) Archivio di Stato: Fondo Prefettura, Affari di culto, Chiesa San Matteo: *"1941 Demolizione"*, Busta 58, Fascicolo 6; *"1936-1938 Restauri"* Busta 58, Fascicolo 7.

NOTIZIE STORICHE ED ARTISTICHE

Sulla base dei documenti raccolti da Nicola Palma le prime notizie della chiesa di San Matteo, adiacente sin dalla sua costruzione ad un Ospedale edificato dall'Università di Teramo, risalgono al 1385[3]. Nel 1538 grazie all'attiva opera della nobildonna Piacentina dei Cappelletta, vedova di Marco Princi, il controllo della chiesa venne assunto dalle Monache Benedettine, che ottennero dalla città di Teramo la cessione dell'ospedale per trasformarlo in monastero. Inizialmente alle monache fu richiesto quale condizione per la concessione il mantenimento dell'ospedale, ma per l'opposizione di Piacentina, che con la perdita dei figli intendeva trascorrere il resto della sua vita in monastero, e che riteneva che le «cose, le quali si offrono a Dio, debbono essere scevre da qualsivoglia limitazione e riserva»[4], si conseguì una cessione assoluta, con il consenso di Papa Paolo III, riuscendosi persino a derogare alla volontà di coloro che avevano lasciati i beni all'ospedale. Nel 1686 la chiesa ricevette in dono una grande campana destinata al campanile dal Preside della Provincia di Teramo Pennelosa, mentre tra il 1707 e il 1713, per iniziativa della nobildonna Maria Antonia Nicolini (il cui nome si leggeva sull'architrave della porta d'ingresso) la chiesa venne ampliata e decorata secondo lo stile settecentesco dagli architetti Giosaffatti di Ascoli Piceno[5], assumendo definitivamente la forma

---

3 La prima menzione della chiesa di San Matteo, del 1385, è rintracciabile in un *Quaterno* aggiunto al *Libro Censuale* compilato dal Capitolo aprutino, che comprendeva una lista delle chiese che corrispondevano un canone (o censo) annuale. Nel 1529 l'Ospedale di San Matteo pagava una tassa annuale di "una libbra di cera". Questo tipo di tassazione veniva praticata nei secoli XV e XVI in segno di soggezione (cfr. Giulio Di Nicola, *"La chiesa di S. Matteo in Teramo"*, 1977-1981, dattiloscritto, pag. 3).

4 Niccola Palma, *"Storia ecclesiastica e civile della città di Teramo"*, volume IV, 1834, pag. 321.

5 Provenienti da Venezia, quella dei Giosaffatti (o Giosafatti) fu una geniale dinastia di artisti di Ascoli Piceno che dalla fine del XVI alla fine del XVIII secolo si tramandarono di padre in figlio la passione per la scultura e l'architettura. I più rappresentativi furono Antonio, Giuseppe, Lazzaro. Nella loro intensa attività nell'ascolano eseguirono lavori anche in Abruzzo: a Teramo condussero restauri nella prima metà del Settecento anche nella chiesa del Santo Spirito (iniziati da Giuseppe

3

barocca che ha conservato fino alla demolizione. E' invece datata 1713 l'iscrizione posta sul grande arco soprastante l'altare maggiore dalla quale risulta che il pittore abruzzese Giovambattista Gamba[6] dipinse in affresco la volta della chiesa.

La chiesa di San Matteo fu consacrata solennemente dal Vescovo aprutino Tommaso Alessio De Rossi il 22 aprile 1736 (come risultava dall'epigrafe esistente all'interno della chiesa presso la porta principale). Nel 1761 il campanile della chiesa, nuovamente ricostruito dopo che era stato devastato da un fulmine, fu benedetto dal Vicario Generale della diocesi aprutina G. del Giudice.

In seguito al decreto emanato da Gioacchino Napoleone il 29 novembre 1810, il Monastero Benedettino venne soppresso insieme a tanti altri che esistevano in città e venne incamerato dal Demanio Pubblico; nel momento della soppressione il monastero - le cui fila si erano notevolmente assottigliate dopo una gravissima tragedia che nel 1745 provocò la morte di 15 suore - contava solamente sei religiose[7]. Cessato il monastero il Sindaco e il Vescovo Francesco

---

e conclusi dal figlio Lazzaro). (cfr. Giuseppe Fabiani, *"Artisti del sei-settecento in Ascoli"*, Collana di pubblicazioni storiche ascolane, XII, Ascoli Piceno, Società Tipolitografica editrice, 1961, pagg. 32-60; Stefano Papetti, *"I Giosafatti ad Ascoli Piceno"*, in "Calendario Tercas 1990").

6 Giambattista (Giovambattista) Gamba. Pittore ritenuto abruzzese per le sue molteplici pitture, «specialmente a fresco e a guazzo», presenti in Abruzzo. Si citano: gli affreschi nella chiesa dell'Annunziata di Sulmona (1728), l'affresco sulla cupola della Cappella del Sacramento nella chiesa Maggiore di Pescocostanzo; un quadro di S. Anna ed un affresco di S. Antonio nella chiesa che fu dei Riformati a Pescocostanzo; pitture nella chiesa della Trinità in Popoli; nella chiesa dei Zoccolanti a Scanno; nella chiesa di S. Chiara in Penne e in quella di S. Giovanni Gerosolimitano (vedi Antonio De Nino, *"Sommario biografico di artisti abruzzesi non ricordati nella storia dell'arte"*, Casalbordino, N. De Arcangelis Editore, 1887, pagg. 21-22).

7 Un altro avvenimento di rilievo, di natura scandalistica, che riguardò il Monastero di San Matteo si verificò nel 1777, sotto il vescovato di Luigi Maria Pinelli, e ci viene descritto dal Palma: «Fin dall'Agosto 1776, Monsig. Sambiase avea introdotto nel Monastero di S. Matteo tre Napolitane, di cognome Bronsuoli. Le Monache le aveano ammesse al noviziato: ma in seguito di loro mal contente, più volte pregarono Pinelli a toglierle: segnatamente dopo che congregate in capitolo ai 22 Dicembre 1777 le aveano a maggioranza de' voti escluse dalla professione. L'indolenza, o vera o apparente, di Monsignore, indusse sette Monache ad un passo stravagante. Ad ore 11 del dì detto, uscite dalla clausura con croce inalberata, si recarono

Antonio Nanni tentarono di conservare la chiesa aperta al pubblico culto, ma ciò fu impossibile perché questa avrebbe dovuto contare per il proprio mantenimento sulle offerte dei fedeli, la qual cosa non era consentita dalla legge (e per questo fu esclusa dall'elenco delle chiese da conservare).

Nel primo decennio dell'Ottocento, all'epoca dell'occupazione militare francese, i locali della chiesa furono utilizzati come caserma delle Compagnie Dipartimentali; cessata l'occupazione il 17 luglio 1811 la chiesa venne assegnata dal Vescovo al parroco del quartiere di San Giorgio, Don Timoteo Vagnon. In quegli anni

---

alla vicina chiesa di S. Giorgio, donde inviarono lettere al Preside, all'Avvocato de' Poveri Sig. Marcello Pompetti, ed ai pubblici Rappresentanti, nelle quali protestavansi di voler rientrare nel chiostro subito che ne fossero estratte le Bronsuoli. Le rimostranze del loro Confessore P. Eugenio da Civitella Esprovinciale Cappuccino, quelle di parecchie gentildonne, dell'Avvocato de' Poveri, del Preside, e (un poco tardi) del Vescovo, furono per tutto il dì 29 gittate al vento. Sicchè all'indomani si vide Pinelli obbligato ad estrarre, di concerto col Tribunale, le Bronsuoli dal Monastero, ove le sette Monache rientrarono incontanente. S'egli fosse divampato di sdegno, ben il crede chiunque ha conosciuto l'accendibile suo temperamento. Supponendo che l'uscita delle Monache non fosse stata senza consulenti e senza cooperatori, con relazioni ai Ministeri, e con segreta insistenza presso l'Assessore di lui amico, condensò un turbine assai minaccevole a danno di quattro distinti gentiluomini [nda: in realtà erano cinque: Melchiorre Delfico, Alessio e Francesco Saverio Tullij, Andrea Sardella e G.B. Thaulero. Cfr: Niccola Palma, *"Storia della città e diocesi di Teramo"*, volume terzo, nota pag. 491, edizione della Cassa di Risparmio della Provincia di Teramo, 1980] di qualche altro, ai quali bisognò rimaner latitanti o emigrare dal Regno per un tempo, ond'evitare la carcerazione. Nel corso delle informazioni prese dal Tribunale o (per dir meglio) dall'Assessore, delle due più ardenti Monache una venne traslocata al Monastero di Campli, l'altra a quello di Civitella. Avverso il decretato arresto de' prevenuti prodotto venne gravame in Vicarìa: ed avverso l'Assessore presentati furono ventiquattro capi di sospicione nella Regal Camera, la ventilazione de' quali diè luogo ad animate e dotte Scritture, pro e contra, date alle stampe. Fu della saggezza del Re e de' suoi Ministri il porre un termine a sì odiose discettazioni, ed il comandare che s'imponesse alla causa perpetuo silenzio: che le Religiose traslocate tornassero al proprio Monastero: e che si ammettessero ad indulto gl'imputati. Non piacque a costoro l'ultima parte, e supplicarono il Sovrano a rivocarla, chiedendo istantaneamente di esser giudicati ritualmente a tenore delle leggi. Ma il Re rimase fermo nell'adottato temperamento. Se gli odj radicati in quella occasione si estinguessero con facilità, non occorre esaminarlo». (Niccola Palma, *opera citata*, volume III, 1833, pagg. 232-233).

vennero trasferite nell'ex-monastero, attiguo alla chiesa, le scuole secondarie di quell'epoca e vi fu poi istituito il Real Collegio.

Restaurati i danni causati dall'occupazione francese, il 9 dicembre 1832 la chiesa fu di nuovo benedetta dal Vescovo aprutino Alessandro Berrettini e restituita al pubblico culto; la riapertura si rese necessaria in conseguenza della demolizione della chiesetta della Madonna degli Angeli[8]. Il governo di Napoli affidò la direzione del Real Collegio e delle scuole secondarie ai religiosi Padri Barnabiti, ai quali venne ingiunto l'obbligo di mantenere aperta la chiesa al pubblico culto. Nel 1861 poi il Real Collegio venne trasformato dal nuovo Governo Italiano in Regio Convitto Nazionale e i Padri Barnabiti lasciarono la direzione del collegio e delle scuole.

La chiesa, secondo una nota del 19 novembre 1933 della Canonica Curia Vescovile al Governo Italiano, fu sempre adibita e considerata a tutti gli effetti canonici quale succursale della Vicaria Curata della Cattedrale; il vice curato di San Giorgio vi amministrava i sacramenti e vi compiva le funzioni parrocchiali che non potevano aver luogo nella Cattedrale, quando in essa si celebravano le funzioni Pontificali e del Reverendissimo Capitolo dei Canonici.

---

8 La chiesetta della Madonna degli Angeli, di antichissima costruzione, situata nell'allora largo di San Giorgio, fu demolita nel 1831 insieme alla chiesa di Santa Lucia nell'ambito dei lavori di ristrutturazione della zona nord-ovest della città che prevedevano la costruzione di un ampio stradone e del largo detto "sopra Porta S. Giorgio" (l'odierna piazza Garibaldi); la demolizione si rese necessaria perché la detta chiesa interferiva con la sua sporgenza alla libera visuale della strada (cfr. Gaetano Miarelli Mariani, *"Monumenti nel tempo. Per una storia del restauro in Abruzzo e nel Molise"*, Carucci editore Roma, 1979, pag. 52 e pag. 68; Alida Scocco Marini, *"Le chiese nei quartieri di Teramo"*, Emmegrafica Teramo, 2001; Vincenzo Irelli, *"Breve cronaca dei miglioramenti edilizii, igienici, e commerciali succedutisi nella Città di Teramo nel percorso del secolo che volge, narrata dal Senatore Irelli"*, Teramo, Stab. Tip. Q. Scalpelli e figlia, 1890; pubblicato già in *Corriere abruzzese*. Consultabile all'indirizzo Internet: www.delfico.it/Testi_irellibrevecronaca.htm).

Il Tempio di San Matteo ha subito attraverso i secoli, radicali trasformazioni, per cui compito assai difficile è precisarne ora le perdute forme architettoniche. La chiesa in origine, dovette assumere il modesto aspetto degli edifici sacri minori teramani sorti nei secoli XIV e XV, con la facciata ed il portale semplici, nonché munita di tetto in legno a cavalli, abside a forma comune, quasi interamente privo della cella campanaria. L'interno di essa, composto di una o più navi ed abbellito nelle pareti da pitture affresco, alla maniera riscontrata in quasi tutti i luoghi pii della città. A comprova di ciò giova accennare che ancora oggi, di sotto al bianco di calce, nella grande nave rimodernata, appaiono segni e traccie di colori, forse resti di cicli pittorici sovrapposti, di epoche da non potersi precisare.

Nessun avanzo visibile rimane attualmente della grande rinnovazione cinquecentesca avvenuta per opera munificente di quella nobile signora Piacentina de' Cappelletta. (...) E' certo, d'attribuirsi a buona sorte se il fabbricato pur attraverso le dannose smanie d'abbellimento del secolo XIX, nulla abbia perduto della sua forma giosaffattiana del rimodernamento barocco.

La facciata richiama la corrente dei gesuiti dell'epoca. E' composta da un piano interrotto da due grandi lesene, con mostre laterali, e bipartita da una robusta cornice. Nella parte superiore si apre una finestra rettangolare con timpano a triangolo mentre un grande arco a sesto ribassato, ed un occhio circolare nel mezzo, formano il coronamento del fronte, assai semplice.

Due timidi pilastrini si alzano lateralmente negli angoli, sulla cima del tetto, ed un campaniletto, nascosto nell'alto, getta sul cielo pie voci di bronzo. Ma la parte più nobile del prospetto è rappresentata dal portale travertino, eseguito dagli artisti ascolani Giosaffatti.

Il disegno presenta chiare analogie con le più belle opere del genere lasciate dagli stessi artefici nelle Marche, particolarmente ad Ascoli. Ordinata ed armonica (ritmo berniniano) semplice e severa la porta è sormontata da un ricco frontone composto di linee rette, compendiate dalla grande curva movimentata del timpano. Nelle caratteristiche dello stile appare la tendenza al classico, improntato alle severe forme barocche della prima metà del seicento. (...) Uno stemma, scolpito nella maniera dell'epoca, completa la decorazione del portale, sotto la chiave dell'arco. Ivi sono rappresentati nel basso tre monti, con una mano alzata in quello di mezzo; ed in alto tre stelline. (...) La bianca vasta navata interna si sviluppa con le sue linee fondamentali nella maniera che molto si accosta al giosaffattiano demolito Duomo barocco. Sobrie decorazioni a stucco abbelliscono, con fare piuttosto classico, le pareti scompartite da lesene e sormontate da leggiadri capitelli compositi, vivi d'acanto.

Maggiore sforzo decorativo presenta il vasto soffitto costruito a botte, un sesto ellittico lunettato. Esso è scompartito da otto riquadri: quattro più grandi nella parte centrale, separati da medaglioni; e sei cartelle negli spicchi laterali, contornate da rami frondosi. Lo spazio vuoto è ricoperto da una fantasiosa fioritura sostenuta da leggiadri putti.

Il capo-altare, in fondo alla navata, completa, maestoso, la parte decorativa. Esso s'innalza sveltemente sostenuto da una coppia di colonne ed arricchito da un pesante frontone, decorato con angeli e leggiadre cartelle; mentre al disopra del quadro principale, che occupa tutta la parte centrale della costruzione, trovasi il consueto sopra quadro, ov'è ritratto l'eterno.

Sui fianchi dell'altare maggiore si alzano due statue che raffigurano: una S. Cosimo e l'altra S. Damiano, modellata con buon disegno e larga fattura espressiva. Una bianca grata leggera nasconde, in alto, sulla parete destra dell'abside un coretto di preghiere, per ove langue ancora, tra l'incenso un sogno di passate mistiche ansie monacali. Sul parapetto dell'organo un grande stemma di Teramo esprime il diritto di patronato della Città.

A riscaldare la monotonia del bianco abbacinante degli stucchi, e pur nell'assenza delle dorature e delle imitazioni di marmi colorati, i buoni artefici ideatori del rimodernamento settecentesco, non obliarono il colore vivificatore.

8

*La volta è tutta dipinta a fresco da un maestro non disprez-
zabile, che ha lasciato il proprio nome nel centro dell'arco di
trionfo. Ivi si legge: "Anno Domini Millesettecentotredici G.B.
Gamba Pingebat" con un curioso intreccio nelle prime lettere. (...)
La vasta raffigurazione pittorica del soffitto, assai guastata, per l'infiltrazione di acqua dal tetto, non difetta di slancio, invenzione e
prospettiva. Buone qualità si ravvisano anche nel disegno e nei
rapporti tonali delle tinte. (...) Nelle cartelle laterali sono raffigurati
S. Anna, Santa Colomba, S. Luigi Gonzaga o Giovanni Berchmans,
gesuiti, ed altre figure in gran parte danneggiate dalla caduta
dell'intonaco della volta[9].*

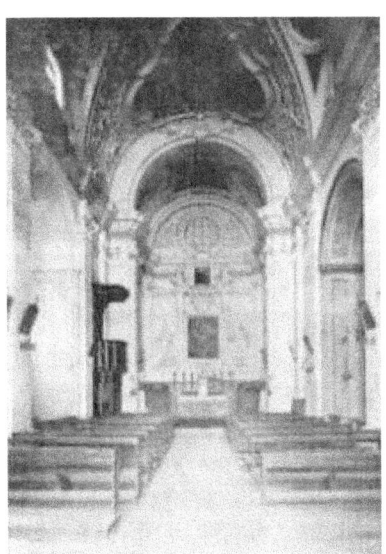 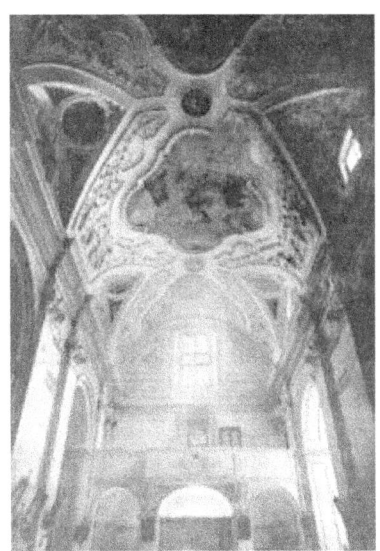

Abside ed altare maggiore   *Soffitto dipinto*

9 Salvatore Rubini, *"La chiesa di San Matteo ed il movimento d'arte barocca a
Teramo"* in "Teramo. Bollettino mensile del Comune di Teramo", anno III (1934), n.
9-10, settembre-ottobre, pagg. 11-25. Consultabile all'indirizzo Internet: www.delfi-
co.it/Testi Rubini 1934 01.htm

LE VICENDE DELLA CHIESA

Il primo progetto che prevedeva la demolizione della chiesa di San Matteo risale al 1821. In quei tempi la chiesa, che era stata adibita per diversi anni a caserma militare, si trovava in pessime condizioni, al punto che il Rettore dell'annesso collegio ne sollecitò il restauro, per il quale tuttavia mancavano i fondi necessari. Il governo della città penso quindi di rivolgersi al Vescovo di Teramo Francesco Antonio Nanni affinché fosse compiuta la ristrutturazione a spese dell'Amministrazione Diocesana e del Patrimonio Regolare, in vista anche della riapertura dell'edificio al pubblico culto; il Vescovo si negò decisamente, sostenendo «come la detta Chiesa più non servisse che al solo comodo dei collegiali, mentre, per quanto riguardava il comodo della Messa per la popolazione de' due quartieri superiori della città, diceva essere sufficientemente apprestata nella Chiesa del vicino convento dei Cappuccini ripristinata, ove trovavansi fissati più religiosi sacerdoti a tale oggetto». Il progetto per la demolizione fu comunque abbandonato e la chiesa, come già ricordato, fu riaperta al culto nel 1832.

La seconda iniziativa di demolizione rientrava in un progetto approvato dal Consiglio Provinciale di Teramo nel settembre del 1898, nell'ambito di lavori di ampliamento del fabbricato del Liceo-Convitto "Melchiorre Delfico" che prevedevano la soppressione della chiesa intermedia. Per la verità l'iniziale progetto di ristrutturazione del convitto ne avrebbe garantita la conservazione, consentendo pure una maggiore economia dei lavori; questo progetto venne però respinto dal Ministero, che ne approvò invece un altro nel quale l'area della chiesa sarebbe stata occupata dall'androne dell'Istituto, con il piano superiore previsto per i vani da adibire a camerate e scuole[10].

---

10 Curiosamente il Ministero della Pubblica Istruzione, il quale aveva imposto alla Provincia il suo progetto di ampliamento del liceo-convitto, che prevedeva la soppressione della chiesa allo scopo di dotare il fabbricato del necessario polmone d'aria e di luce (incontrando peraltro la resistenza del Consiglio Provinciale), aveva

Il Vescovo di Teramo pro-tempore pose il veto alla soppressione, e dopo aver inutilmente tentato in via bonaria di far mutare il progetto, in prossimità dell'avvio dell'appalto dei lavori, nel 1901 citò in giudizio l'Amministrazione Provinciale, alla quale veniva decisamente contestato il diritto di arrogarsi la piena disponibilità del fabbricato - e coinvolgendo di conseguenza il Comune di Teramo, il Vicario-Curato di San Giorgio Emidio Forti, il Rettore del Regio Convitto, il Demanio dello Stato ed il Fondo per il Culto - dando vita ad una lunghissima ed intricata causa civile incentrata sulla esatta definizione del diritto di proprietà e su chi ricadesse il patronato della chiesa.

Peraltro la posizione del Vescovo fu di ritenere che questo patronato fosse del Comune di Teramo, al quale spettava la tutela e l'obbligo al mantenimento e alla conservazione al pubblico culto. Con la causa civile intrapresa dal Vescovo, destinata a trascinarsi per un trentennio, la minaccia di soppressione venne congelata, poiché la Provincia fu costretta ad approvare la sospensione dei lavori di ampliamento del Liceo-Convitto[11].

---

poi invitato il consiglio stesso a deliberare circa un ricorso presentato al Ministero dalla signora Giuseppina Cerulli-Irelli e da altre teramane, contro una soppressione che secondo le signore «offende in modo gravissimo il sentimento religioso della grande maggioranza dei cittadini Teramani, specie di quelli del rione S. Giorgio». Il ricorso non produsse effetti ma la Provincia, per assecondare le necessità religiose delle ricorrenti ed assicurare la continuità del servizio religioso, s'impegnò a costruire un'ampia cappella al piano terra dell'edificio. La richiesta del Ministero di esaminare il ricorso fu considerata dal consigliere Tito Candelori solo «un atto di doverosa cavalleria verso una rispettabilissima Signora», ma diede vita in consiglio ad un'animata discussione, condita pure da un vivace attacco verso il "sesso gentile" da parte del consigliere Francesco Di Girolamo: «Malgrado che le signore abbiano avuto la loro soddisfazione, esse vogliono stravincere. Ma dove sta scritto che le signore debbano venire ad imporsi ad un corpo costituito, a ficcare il naso nelle cose di una pubblica Amministrazione?».

A fronte del progetto del Ministero anche l'on. Francesco Savini tentò inutilmente, a più riprese, di proporre una soluzione alternativa che salvasse la chiesa, e che prevedeva di dotare il fabbricato, per le accennate esigenze, non di «un solo e sproporzionato» polmone, ma di due ingressi laterali. (*"Atti del Consiglio Provinciale di Teramo"*, Anno 1900, Seduta del 15 ottobre, pagg. 315-331; Archivio di Stato di Teramo, Amministrazione Provinciale, b. 316, f. 2)

I problemi maggiori che afflissero la chiesa di San Matteo furono legati al precario stato di conservazione del tetto, che oltre a mettere in pericolo la stabilità della struttura contribuì al deterioramento degli elementi artistici. In verità lo stato di fatiscenza del tetto è di lunghissima data e già nel XVIII secolo, quando il controllo dell'edificio era esercitato dalle monache benedettine, a causa dell'incuria nella manutenzione della chiesa si verificarono dei gravissimi dissesti: come riferito dal Palma il 29 dicembre 1745 i tetti della sagrestia e del coro ed una muraglia crollarono seppellendo quindici suore, compresa la badessa, che restarono tutte uccise[12]. Come già indicato tra le notizie artistiche della chiesa, nel 1934 Salvatore Rubini riferisce nella sua pubblicazione che la «vasta raffigurazione pittorica del soffitto» risulta «assai guastata, per l'infiltrazione di

---

11 Di fronte all'impasse giudiziaria e all'impossibilità di dar seguito al progetto di ampliamento necessario al sovraffollato edificio scolastico, l'Amministrazione Provinciale nel dicembre 1909 deliberò di avviare gli studi per la costruzione di un nuovo liceo-convitto, da collocarsi in un' «area del cosiddetto largo della Misericordia» (intitolata nel 1905 a Vincenzo Comi, dal 1921 è l'odierna piazza Dante). Questa decisione scaturì dalla bocciatura da parte del Consiglio Provinciale Sanitario del progetto di ampliamento del fabbricato del 1908, ritenuto orami inadeguato alle «esigenze della moderna igiene». Il nuovo liceo-convitto di piazza Dante, che comprendeva oltre 300 vani e nel quale si trasferì pure la Biblioteca Delfico, fu inaugurato il 28 ottobre 1934 (*"Atti del Consiglio Provinciale di Teramo"*, Anno 1909, Seduta del 17 dicembre, pagg. 225-231; Fausto Eugeni, *"Piazza Dante e dintorni (1703-1960)"*, in "Annuario 1993-1994" del Liceo Ginnasio Statale "Melchiorre Delfico" di Teramo, Edigrafital, pagg. 189-221).
12 Il tragico avvenimento viene così descritto: «Aveano le Monache di S. Matteo trascurato di ristorare il tetto della sagrestia e del coro, ed una muraglia ad esso attaccata, ch'era pur muraglia di clausura. Costò loro ben cara la negligenza, poichè nella sera de' 29 Dicembre 1745 mentre trenta Religiose recitavano in Coro la Compieta, caddero i cennati tetti e la muraglia, coprendone sotto le rovine quindici, compresa l'Abbadessa. Tutte e quindici rimasero morte, a riserba di D. Anna Catarina Salamiti, la quale fu estratta semiviva dalle macerie, e spirò due giorni dopo. De Leon (N.d.A.: colonnello Emanuele de Leon, comandante della provincia di Teramo) al primo annunzio corse a S. Matteo, ed allo zelo di lui si doverono i soccorsi, che si tentò apprestare a quelle infelici. Fece pur anche guardare di giorno e di notte il Monastero da due gentiluomini e da un picchetto di soldati, fino a che il muro esteriore non fu ricostruito». (Niccola Palma, *opera citata*, volume III, 1833, pagg. 212-213).

acqua dal tetto» e che nelle cartelle laterali vi sono alcune «figure in gran parte danneggiate dalla caduta dell'intonaco della volta».

Anche in conseguenza del giudizio legale pendente sulla chiesa gli interventi di natura conservativa risultarono talvolta intempestivi, ed i ritardi andarono a ripercuotersi ulteriormente sullo stato dell'edificio, il cui tetto non potrà mai ricevere un restauro veramente definitivo. Interventi risultano essere stati compiuti già prima del novecento dall'Amministrazione Provinciale, che d'altro canto sosteneva la corrente manutenzione sull'intero fabbricato[13]; in particolare: nel 1889 si intervenne per il restauro del cornicione esterno, nel 1892 per la rottura di due travi ed alcuni arcarecci dell'armatura del tetto che copre la prima cappella a sinistra, ed ancora nel 1894 vennero nuovamente eseguite riparazioni al tetto della chiesa «ridotto in cattivo stato in causa della sua vetustà».

Quando la vertenza legale è ormai in atto, l'Amministrazione Provinciale nega al Convitto gli interventi sulla chiesa che nel passato aveva eseguito regolarmente, e che vengono poi assicurati dal Comune di Teramo; infatti nel 1913, quando il Rettore del Convitto segnalava alla Provincia che «il tetto della cappella, a sinistra dell'altare Maggiore della Chiesa di S. Matteo ha necessità di essere riparato per impedire che la pioggia abbia a fare cadere la volta della stessa cappella», l'ufficio tecnico provinciale faceva sapere che non spettavano ad essa nè la manutenzione nè le riparazioni[14].

---

13 Fino al 1869 alla manutenzione dell'intero fabbricato provvide l'amministrazione del liceo-convitto. In tale anno, per l'esecuzione di alcuni restauri, fu invece richiesto l'intervento dell'Amministrazione Provinciale (in forza di una legge organica sull'amministrazione civile del 1816), che però si rifiutò. Ne nacque un giudizio che vide soccombere la Provincia, la quale da allora si occupò della regolare manutenzione dell'edificio, comprendente la chiesa (cfr. memoriale in data 14 maggio 1901 dell'Amministrazione Provinciale di Teramo contro Mons. Vescovo Aprutino nella causa presso il Regio Tribunale Civile di Teramo, pag. 18).

14 Tra il materiale d'archivio comunale e provinciale non è stata rintracciata alcuna documentazione che dimostri l'esecuzione di questi lavori; decorrendo il fascicolo comunale riservato alla chiesa di San Matteo dal 1920, e dovendo ritenersi che questi urgenti lavori siano stati effettivamente eseguiti, la spesa potrebbe essere stata collocata diversamente. Infatti le spese dei primi interventi sostenuti dal comune

Negli ultimi venti anni della chiesa, un periodo così cruciale per il suo destino, la prima rilevante necessità d'intervento si registra nel marzo 1919, quando il Rettore del Convitto fa presente, sempre all'Amministrazione Provinciale, «che una parte del tetto, che copre la volta della chiesa, è caduto», e chiede quindi di «inviare un ingegnere per verificare anche l'altra parte del tetto, che trovasi in cattive condizioni di stabilità». Come sei anni prima la Provincia non intende provvedere alla riparazione del tetto della chiesa, «illegittimamente tenuta in possesso dal Parroco di S. Giorgio, per cui pende giudizio dinanzi la Corte di Appello di Aquila». Però, dato che l'ufficio tecnico provinciale relaziona che per effetto dei danni al tetto si è guastato il doccione, ne dispone urgentemente il ripristino, nell'esclusivo interesse del fabbricato del convitto, per la modesta spesa di lire 10[15].

Per le necessità della chiesa, di fronte alla posizione assunta dalla Provincia, il Rettore del Convitto è costretto a defilarsi; ne rappresenta gli interessi il parroco di San Giorgio, che nel marzo 1920 segnala al Comune i danni subiti dal tetto. Nella diffida il parroco fa presente che in virtù del supposto patronato alle riparazioni della chiesa dovrebbe provvedere il Comune, che in effetti invia l'ingegnere capo Carlo Pompetti a compiere un sopralluogo e mettere in atto anche le misure legate alla tutela della pubblica incolumità; questi constata che sì, in effetti il danno alla volta esiste, anche se non è di grande entità, però è fonte di pericolo, pure se non imminente, perché la pioggia avrebbe potuto determinare la caduta del tetto. Il Comune per il momento congela la questione, dispone con ordinanza la chiusura temporanea dell'edificio e chiede all'avvocato Francesco Moruzzi un parere su questo preteso obbligo del comune di farsi carico della riparazione della chiesa.

A cinque mesi dalla diffida del parroco ancora nulla risulta essersi mosso, al punto che il Vicario Capitolare aprutino Giovanni

---

venivano imputate al "Fondo per la manutenzione degli stabili comunali", mentre successivamente si utilizzò il "Fondo per la manutenzione e conservazione degli edifici destinati al Culto".

15 Archivio di Stato di Teramo, Amministrazione Provinciale, b. 318, f. 1.

Muzj[16] fa presente al Rettore del Convitto, chiedendogli pure il suo parere, che la Curia, per impedire che la chiesa sia ulteriormente danneggiata dalle piogge, in vista anche della imminente stagione invernale, intende procedere direttamente alla riparazione della parte di tetto incriminata (che infine sembra proprio essere crollata). Per l'iniziativa che intende prendere la Curia c'è anche la necessità di dichiarare formalmente che questa non andrebbe a pregiudicare la questione dei diritti nella causa pendente in Tribunale, che è la vera fonte delle lungaggini che si ripercuotono sulla chiesa. Il Rettore non fa problemi vista l'urgenza delle riparazioni, e chiede parere al Comune, che a sua volta gira la questione al suo avvocato. E il tempo passa...

Solo a novembre giunge l'approvazione della Giunta Comunale, a condizione che i lavori stessi siano eseguiti sotto il controllo dell'ufficio tecnico comunale. L'avvocato Moruzzi da buon legale non manca però di osservare che «accogliendo la richiesta del Vicario, si ammetterebbe indirettamente una legittima intrusione del Vescovo capo dei fedeli nella proprietà della Chiesa, che il Comune sostiene libera» da qualsiasi servitù di culto a favore dei fedeli.

---

16 Giovanni Muzj (1873-1952). Nato a Campli, venne ordinato sacerdote nel 1896 e fu nominato parroco del paese d'origine, pur collaborando intensamente negli anni con i Vescovi aprutini, dei quali fu un prezioso consigliere. Esempio di integrità, organizzatore infaticabile, appassionato studioso di storia e di arte, collaborò ai più importanti restauri dei monumenti di Teramo (tra gli altri, quelli che coinvolsero il Duomo, il Palazzo Vescovile, la chiesa di San Domenico, l'Anfiteatro romano). Fu nominato nel 1903 Cancelliere Vescovile e fu tra i fondatori del settimanale "L'Araldo Abruzzese" nel 1904. Inoltre venne designato Delegato Vescovile nel 1908 e Canonico della Cattedrale nel 1910. Nel 1915, con la morte del Vescovo Zanecchia venne nominato Vicario Generale, mentre nel 1920 fu eletto Vicario Capitolare, incarico che ricoprì in tempi successivi. Fu tra i più entusiasti ed infaticabili organizzatori del Congresso Eucaristico Nazionale svoltosi a Teramo nel 1935. Già anziano, negli anni della seconda guerra fu chiamato anche alla direzione della Biblioteca "Melchiorre Delfico" profondendo energie ed esperienza nella sistemazione dell'importante istituto teramano. Una lapide posta nella Cattedrale lo ricorda come una delle personalità più rappresentative di Teramo. (cfr. *"Gente d'Abruzzo. Dizionario Biografico"* a cura di Enrico Di Carlo, Andromeda Editrice, 2006. Scheda redatta da Renata Ronchi).

All'incertezza legale comunque prevale il buon senso e la preoccupazione per le sorti della chiesa, perché finalmente il 19 gennaio 1921 il Comune decide di provvedere direttamente ai lavori approvando il relativo preventivo nella spesa di lire 2.650, imputata al fondo della manutenzione degli stabili comunali. Solo nel successivo mese di ottobre il Comune revoca finalmente la chiusura della chiesa, dietro insistente richiesta del Rettore del Convitto che la reclama per le funzioni religiose, in vista dell'inizio dell'anno scolastico. La questione della riparazione del tetto si è trascinata per ben 20 mesi, ma stabilisce per lo meno un precedente che disciplina la situazione, e che risulterà utile in occasione dei futuri problemi alla copertura della chiesa, che non mancheranno certamente.

Quattro anni dopo, nell'ottobre 1925, una parte del tetto della chiesa sprofonda sulla volta di una cappella: il Rettore del Convitto chiede al Sindaco la riparazione urgente e sollecita pure una revisione generale della tettoia. Questa volta l'ufficio tecnico prepara sollecitamente il preventivo nella spesa di lire 10.000, ma i lavori non iniziano in attesa di tempi più propizi (e non si capisce se per mancanza di fondi o per il tempo inclemente), con la conseguenza che il deterioramento del tetto è in continuo aumento. Nel successivo mese di febbraio 1926 si impone una nuova chiusura della chiesa, mentre ad aprile viene preparato un altro preventivo molto più in economia, nella spesa di lire 2.800, approvato solo a luglio (con la solita puntualizzazione per i diritti rivendicati dalle parti in causa per la proprietà della chiesa). I lavori vengono finalmente compiuti ad agosto e la chiesa viene riaperta al pubblico culto. In questa circostanza sono passati "solamente" 11 mesi, ma comunque la chiesa, con il tetto parzialmente crollato, ha dovuto subire l'inclemenza della brutta stagione.

Le lungaggini burocratiche ed i preventivi di spesa ridotti all'osso evidentemente non riescono a star dietro al deterioramento continuo del tetto, i cui problemi si presentano a cadenza quasi regolare, e dimostrano che i restauri compiuti costituiscono più che altro delle toppe: quanto tale complesso di elementi ha giocato a sfavore della chiesa, quando nei momenti più critici, a causa delle penose condizioni di conservazione, essa verrà screditata oltre ogni immaginazione (e si vedrà in quali termini) dalle pubbliche autorità decise a perseguirne ad ogni costo la demolizione?

Tornando ai problemi del tetto, le precedenti esperienze evidentemente hanno insegnato qualcosa, se nel 1930 i tempi di intervento si rivelano molto più rapidi. Questa volta la supplica giunge in agosto da Don Lorenzo Di Paolo[17], parroco della chiesa di San Matteo, considerata la succursale della parrocchia di San Giorgio; negli anni a venire il sacerdote sarà il più acceso difensore delle sorti della sventurata chiesa teramana. Don Lorenzo fa presente che «nella travatura del tetto occorre sostituire alcuni vecchi e tarlati travicelli», ma più propriamente il tetto è crollato in più punti e costituisce un pericolo per il pubblico. Tempestivamente è stato approvato nei giorni di ferragosto il preventivo nella spesa di lire 2.500; quindi per evitare perdite di tempo i lavori vengono affidati al muratore di fiducia del comune, Berardo Fabbiocchi, che ha offerto un ribasso del 5% sui prezzi di perizia. Il restauro del tetto risulta già compiuto alla data del 4 ottobre. Non solo, ma il conto finale dei lavori evidenzia un risparmio di quasi 348 lire!

1934. L'intricata controversia legale apertasi ad inizio secolo non si è mai conclusa, come si evince da una relazione sulla natura giuridica della chiesa stilata dal Vescovado aprutino a firma del Vicario Generale Giovanni Muzj e rivolta al Prefetto (il Rettore del Convitto tuttavia riferisce che «le parti tutte, di comune accordo, decisero di abbandonare il giudizio, essendosi decretata la costru-

---

17 Lorenzo Di Paolo. Nato a Teramo il 31 maggio 1886, per la sua viva intelligenza fu inviato a studiare dal Vescovo Zanecchia a Roma dove, alunno del Collegio Leoniano, frequentò brillantemente l'Università Gregoriana. Venne ordinato sacerdote il 2 aprile 1911, e tornato in Diocesi fu destinato parroco a Guardia Vomano. Nel 1921 fu nominato Direttore Spirituale del Seminario aprutino e contemporaneamente Direttore dell'Ufficio Missionario. Nel 1923 ebbe l'incarico di parroco della Cattedrale, e il Vescovo Micozzi gli affidò l'Azione Cattolica e l'Ufficio Catechistico. Il 10 agosto 1942 ebbe il delicato incarico di Vicario Generale. Fu un infaticabile animatore missionario ed educatore di adolescenti nella sua funzione scolastica. Morì a Chieti il 21 aprile 1981. (cfr. *Bollettino Diocesano di Teramo e Atri*, 1981, n. 1; *L'Araldo Abruzzese* del 10 maggio 1981, pagina 5).

zione del nuovo convitto»): «Durante le more del giudizio, che non ha avuto mai termine, la Provincia dichiarò di tirarsi fuori dalla competizione, il Vescovo si disinteressò della questione di proprietà, erroneamente prospettata e sostenuta dai convenuti, ma sostenne che la chiesa, a chiunque si fosse appartenuta, dovesse rimanere aperta al culto, cosicché rimasero in lizza Comune e Collegio. Oggi ogni controversia è stata sciolta dal Concordato, dall'art. 6 della Legge 27 maggio 1929, n. 848, e susseguente relazione di S.E. il Ministro Rocco sulla condizione nuova fatta alle chiese ex Conventuali, come sarebbe quella di S. Matteo. A prescindere da tutto ciò questa è stata sempre aperta al culto ed ha avuto in forza delle leggi canoniche la destinazione propria e precisa di succursale[18] della parrocchia del Duomo nel quartiere di San Giorgio, ove il parroco ha esercitato costantemente gli uffici del ministero, senza ingerenza, dipendenza, o controllo di altro ente. Essendo consacrata non può costituire oggetto di commercio, ma è res nullius, di demanio pubblico, soggetta soltanto alla giurisdizione della competente autorità ecclesiastica. Chi sia però il vero proprietario del fabbricato ex monastico non è facile precisarlo. A rigor di termini dovrebbe essere il Demanio dello Stato, dal quale furono incamerati beni e conventi, che poi destinò ad Ufficii pubblici. Difatti il Convento dei Domenicani fu adibito a Caserma Militare, quello dei Conventuali ad Intendenza di Finanza, l'altro dei Carmelitani a Caserma dei R.R. Carabinieri e quello degli Agostiniani a Carceri giudiziari. Essi sono sempre in possesso del Demanio ed è tanto vero che nel decorso anno fu il Ministero delle Finanze a retrocedere alcuni locali dell'ex Convento di S. Domenico per abitazione della Rettoria della chiesa omonima. Forse sarebbe opportuno rintracciare se il fabbricato di S. Matteo, destinato nel 1830 a collegio, fu ceduto in proprietà, o in uso, o a chi e con quali clausole e condizioni, poiché sembrerebbe che l'Amministrazione Provinciale non ne sia la proprietaria, avendo avuto in forza

---

18 Al riguardo si veda ampiamente il titolo quinto ('La chiesa di S. Matteo ha carattere di coadiutorale') del memoriale in data 27 maggio 1904 del parroco di San Giorgio in Teramo contro il Comune e Provincia di Teramo R. Liceo Ginnasio-Convitto "M. Delfico" nella causa presso il Regio Tribunale Civile di Teramo, pagg. 14-16.

dell'art. 161 della legge 16 febbraio 1816, il solo obbligo di provvedere alle spese occorrenti nel mantenimento e conservazione dei locali, tanto che nel 1869 tentò di esimersi da tale onere, sostenendo con avversa fortuna un giudizio contro l'Amministrazione del Convitto».

In un'altra relazione il Rettore del Convitto invece rivendica decisamente la proprietà del fabbricato ex-monastico di San Matteo, e di conseguenza della chiesa. A suo dire fa fede la intestazione catastale «operata "de jure" a favore del Collegio nel 1822 da parte del Sindaco di Teramo Pancrazio Palma. Da quell'epoca l'Istituto ha sempre pagato e paga le imposte che gravano su di esso, lo ha migliorato ed ampliato con i fondi a disposizione del Reale Collegio». A rafforzare il concetto la circostanza che il Comune, nell'istituire la Scuola Tecnica, chiese al Convitto Nazionale in affitto una parte del fabbricato.

Da parte sua invece il Comune fonda il suo diritto di proprietà sul decreto n. 1719 del 22 giugno 1850 con il quale il Comune veniva a cedere la chiesa ai Padri Barnabiti che andavano a dirigere il collegio con la condizione che «se nel tempo successivo il collegio venisse soppresso ovvero cessassero i PP. Barnabiti di averne la direzione, il Comune allora rientrerà nei suoi diritti e riprenderà la proprietà della Chiesa».

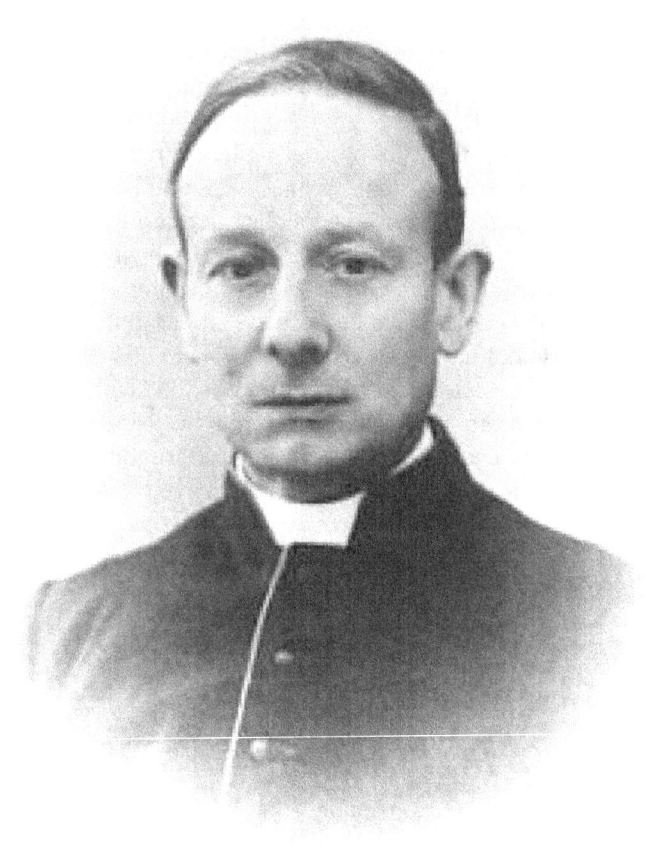

Monsignore Lorenzo Di Paolo (1886-1981)

Ma lasciamo le complicate questioni giuridiche e torniamo ai problemi concreti della chiesa. Il 1935 è l'anno del Congresso Eucaristico Nazionale, per il quale sono stati approntati importantissimi lavori di restauro alla Cattedrale, che ne avviarono anche l'isolamento. Il Vescovo di Teramo Monsignor Antonio Micozzi[19] ha ordinato al più presto possibile anche il restauro della chiesa di San Matteo, quindi il buon Don Lorenzo Di Paolo nel mese di febbraio (il congresso si svolge a settembre) sottopone al Comune le necessità del sacro edificio. Con tono deciso espone che «la volontà del nostro venerato Presule deve essere attuata, perché non soltanto mira a glorificare la nostra santa Religione, ma a tutelare il buon nome di Teramo», quindi chiede di «restaurare il tetto della chiesa, gli stucchi delle volte e l'intonaco delle pareti, deteriorati dall'infiltrazione delle acque; rinnovare il vecchio pavimento, gli altari e gli arredi sacri; ripristinare l'organo sulla tribuna e la torre campanaria».

E' pronto anche un preventivo preparato dall'ingegnere Gino Mazzoncini, che si presta gratuitamente. La richiesta di lire 23.314 e 59 centesimi è veramente cospicua (ed i successivi preventivi lieviteranno decisamente!), anche in considerazione degli impegni gravosi che il Comune si assume per preparare al meglio l'importante congresso di settembre; una parte dei lavori richiesti non vengono ritenuti necessari, in particolare il rifacimento della pavimentazione in marmo, quindi vengono concesse solamente lire 8.000 (dalla completa mancanza negli archivi comunali di qualsiasi documentazione relativa alla effettiva realizzazione di questi lavori, si presume che non se ne sia fatto proprio nulla).

Dopo il Congresso Eucaristico di settembre, che ha rappresentato uno degli eventi più significativi della città di Teramo nel

---

19 Antonio Micozzi (1881-1944). Nativo di Roma, laureato in teologia, diritto canonico e filosofia, fu ordinato sacerdote nel 1907. Fu personaggio di spicco durante il pontificato di Pio X, col quale ebbe una lunghissima amicizia. Fu dapprima Vescovo di Sabina e Poggiomirteto nel 1921, quindi nel 1927 venne destinato dal Cardinale De Lai a dirigere la diocesi di Teramo. Nel 1935 il Vescovo Micozzi organizzò a Teramo l'importante evento dell'XI Congresso Eucaristico Nazionale. Nel febbraio 1944, poco prima di morire, lasciò il ministero episcopale per una grave malattia. (cfr. *"Gente d'Abruzzo"*, op. cit. Scheda redatta da Ottaviano Di Stanislao).

novecento, le urgenti necessità della chiesa rimangono. Non si tratta più di eseguire il periodico intervento salva-tetto: occorre perseguire un restauro in grande stile, che restituisca alla chiesa un aspetto che sia veramente all'altezza, ma che soprattutto ne garantisca la futura conservazione. L'ingegner Mazzoncini prepara un nuovo preventivo nella spesa di lire 25.665,25 e Don Lorenzo Di Paolo nei primi giorni del 1936 inoltra la sua richiesta, questa volta al Ministero dell'Interno, Direzione Generale del Fondo per il Culto. Si avvia la procedura, fatta di nulla osta, pareri, richieste di congruità prezzi e dell'intervento della Soprintendenza alle Antichità e Belle Arti di L'Aquila che ritiene di dover compiere un sopralluogo, richiedendo però al parroco l'invio del denaro necessario per compiere la missione a Teramo.

La Curia sembra non gradire molto questa richiesta economica, e fa sapere che «la chiesa per sé stessa non ha alcun carattere monumentale, né i lavori indicati tendono a modificare sostanzialmente parti della costruzione, da richiedere l'intervento della R. Soprintendenza (...) Trattandosi di semplici opere di conservazione, i lavori possono essere eseguiti sotto la direzione di un artista locale». La Curia ritiene quindi non necessario né il nulla osta, né il deposito per il sopralluogo. Deve intervenire il Prefetto Alberto Varano, che ricorda alla Curia che lo stesso Ministero dell'Interno aveva sottolineato l'importanza artistica e storica della chiesa: si aderisse alla richiesta quindi, per evitare il rifiuto degli importantissimi sussidi richiesti. Alla fine la Curia comprende... E per il sacro edificio giunge anche il nulla osta della Regia Soprintendenza, che definisce l'edificio «un armonico e equilibrato esemplare di chiesa barocca abruzzese». Anche il Prefetto scrive al Ministero, caldeggiando la concessione del più ampio sussidio, sottolineando pure che il richiedente Don Lorenzo Di Paolo è «nulla tenente ed è di ottima condotta morale e politica».

Ma le speranze rimangono disattese perché arriva l'autorizzazione per un sussidio di sole lire 3.000, e comunque questi soldi non vengono erogati. Nel mese di giugno Don Lorenzo è costretto a far presente al Podestà Giovanni Lucangeli che rispetto alle istanze presentate nel febbraio 1935 i lavori non sono ancora iniziati, sottolineando che le condizioni della chiesa sono peggiorate: che si proceda almeno alla sistemazione del tetto e lo scolo delle acque pluviali. Di Paolo deve rivolgersi pure al vice Podestà Arturo Palombieri, ricordandogli di come suo padre, l'ingegnere N. Palombieri, nel 1924 e 1925 «si adoperò validamente per raccogliere il denaro e dirigere i lavori per accomodare l'orologio e ripulire la facciata di S. Matteo». Invoca pure la speranza di riottenere dalla Provincia «i locali adiacenti all'abside e la torre campanaria».

E' proprio Palombieri in assenza del Podestà ad approvare i lavori, che sono svolti in tempi brevi dalla ditta Pietro Vimini per una spesa di lire 1.662,67. E' da notare che queste spese vengono imputate al fondo per la manutenzione e conservazione edifici destinati al culto, mentre nel passato si ricorreva al fondo manutenzione stabili comunali. L'ennesima toppa al tetto è stata messa, e non sarà l'ultima.

Allo scopo di favorire la realizzazione dei lavori in grande stile che da tempo sono agognati per la chiesa si è costituito un "Comitato per i restauri della Chiesa di San Matteo" presieduto dal parroco Lorenzo Di Paolo, che nell'ottobre 1936 si rivolge al Podestà Giovanni Lucangeli per ringraziare le autorità che, avendo a cuore le sorti della chiesa, «hanno stabilito che l'antica sagrestia sia restituita e che il campanile sia ripristinato». Per agevolare il grande progetto (e trovare più facilmente il denaro occorrente per i lavori!) si cerca di dare un significato patriottico al restauro: con la recente fondazione dell'impero[20] la chiesa sarebbe considerata il "tempio votivo della Vittoria", e nello stesso progetto realizzato dall'ingegnere Mazzoncini, per il nuovo altare in marmo viene prevista la dedica ai caduti d'Africa, con l'apposizione alle pareti di una lapide con i nomi.

Don Lorenzo si augura che la chiesa «venga dotata di locali per l'abitazione parrocchiale affinché il sacerdote, avendovi fissa

---

20 In seguito alla vittoriosa guerra italo-etiopica, Mussolini il 5 maggio 1936 proclamò la fondazione dell'impero (Africa Orientale Italiana). Per l'invasione dell'Eritrea l'Italia incorse nelle sanzioni economiche della Società delle Nazioni, alle quali il governo italiano rispose dichiarando l'autosufficienza economica dello Stato (autarchia).

dimora, non solo possa custodire il tempio votivo, ma ancora, perché le funzioni e i doveri del ministero parrocchiale possano svolgersi regolarmente a vantaggio di quattromila anime».

Le richieste del parroco non mancano: in occasione della prevista visita in città del duce (mai ricevuta), la Provincia viene sollecitata a ripulire la facciata della chiesa, che in fin dei conti si trova proprio di fronte alle finestre del Palazzo del Governo dove sarebbe stato ospitato Mussolini. La Provincia prima nega la sua disponibilità, ma poi ritiene necessario provvedere alla sistemazione: vengono restaurate cornici e fasce, vengono verniciati gli infissi ed i canali, viene tinteggiata la faccia ed accomodata la porta. Il conto dei lavori eseguiti dall'impresa di Beniamino Melasecchi, che ammontano a lire 853, viene però girato al comune affinché provveda al pagamento.

Febbraio 1938. Ennesimo crollo del tetto: questa volta si tratta di riparare il danno causato dalla caduta del sostegno delle due campanelle dell'orologio. Oltre a segnalare il danno il comitato per i restauri fa presente a luglio che l'ingegner Pieranunzi ha stilato un nuovo e ben più oneroso preventivo nella spesa di lire 43.000, necessarie per i restauri interni ed esterni: sarebbe la sistemazione definitiva, in grande stile, che si attende da tempo per la chiesa. Questa volta il comitato si rivolge al Comune non per chiedere la sovvenzione per i lavori interni (per i quali i parrocchiani hanno già raccolto circa la metà del denaro occorrente), bensì solo per quelli esterni, la cui spesa ammonterebbe a lire 5.300. Il comune si impegna per sole 450 lire, ma questo denaro non verrà mai erogato: i contributi per la chiesa nella realtà dei fatti sono da considerarsi finiti per sempre, nonostante le condizioni dell'edificio reclamerebbero interventi molto urgenti. I tempi per la chiesa di San Matteo stanno per cambiare, e si ricomincia a parlare di demolizione.

Il rubinetto si chiude definitivamente proprio quando giunge un fatto nuovo. L'Ordine Diocesano, su decisione del Vescovo Antonio Micozzi e dietro le insistenti richieste delle famiglie del quartiere, ma anche per favorire la sorte dell'edificio, ha costituito la parrocchia di San Giorgio nella chiesa di San Matteo. Per il tempio succursale della Cattedrale questo passo potrebbe costituire una svolta decisiva, perché gli conferirebbe una collocazione chiara e definitiva. Già nel 1936, in occasione della visita del Cardinale Tedeschini, l'allora Prefetto Varano alla presenza del Vescovo aveva pubblicamente riconosciuto l'azione svolta dal parroco nell'interesse della chiesa, ed aveva assunto l'impegno di ripristinarne i locali annessi, e cioè la sagrestia (che il convitto adoperò suddividendola in due vani) ed il tratto posto dietro l'altare maggiore, trasformato in un corridoio di passaggio nel 1872.

In quel tempo infatti in seguito ad alcune modifiche ai locali del convitto, venne ritagliato uno spazio dietro l'altare maggiore, che fu adibito a passaggio interno ad uso del collegio, mentre nel locale della sagrestia venne aperta una porta d'ingresso per il teatrino del collegio, funzionando questa durante le recite dei convittori anche da retroscena. Inoltre l'antica torre della chiesa venne trasformata nel 1873 in "Osservatorio meteorologico", che sorse sul piano superiore della stessa[21].

Nella ennesima supplica rivolta al Prefetto Francesco Bianchi il parroco confida quindi che la nuova parrocchia possa riavere «non soltanto il campanile, la sagrestia e il coro (...) ma anche quei locali, posti sopra la sagrestia e vicino al campanile, necessari per la rettoria della chiesa di S. Matteo e per gli uffici parrocchiali».

A fronte delle nuove e delle vecchie esigenze della chiesa (la sistemazione del tetto, i cui danni sono stati segnalati già da diversi mesi) questa volta arriva la doccia fredda da parte del Podestà Sigismondo Montani, che restituisce la perizia dei lavori e fa sapere che

---

21 Una campana della torre soppressa fu venduta ad un Berardino Della Noce di Penna S. Andrea, un'altra venne invece adibita ad uso interno del convitto.

In precedenza, nel 1842 un'altra piccola modifica era stata autorizzata, per l'apertura di «una porta di comunicazione nella chiesa, col Palazzo del Collegio per poter nella stessa accedere gli alunni ed ascoltare la S. Messa»; la modifica viene auspicata in quanto «celebrandosi allora nella suddetta Chiesa la messa per Collegiali oltre quella ordinaria, sarà ciò di comodo maggiore per la popolazione». Nella deliberazione viene ricordato lo ius-patronato del Comune sulla chiesa (Archivio di Stato di Teramo, Comune di Teramo, *"Deliberazioni decurionali"*, b. 1, registro 5, anno 1842, 31 agosto, n. 642).

nel bilancio comunale non esistono i fondi necessari per la spesa. Il combattivo parroco non desiste: ribadisce l'urgenza dei lavori e cerca di agevolare l'erogazione dei contributi, segnalando due appaltatori locali (la ditta Pediconi e la ditta Berardo Fabbiocchi) che sarebbero disposti a ricevere i pagamenti anche in due rate nel 1939 e 1940. Don Lorenzo fa anche presente al Podestà che nonostante le assicurazioni ricevute i locali situati al primo piano non sono stati ancora ottenuti; anzi sembrerebbe che questi siano stati assegnati all'Archivio di Stato che li starebbe già occupando, come pure occuperebbe le stanze che dovrebbero essere destinate alla rettoria della chiesa.

E le vecchie promesse? Quali sono le reali intenzioni delle pubbliche autorità? A questo punto gli eventi appaiono contraddittori per le sorti della chiesa, perché mentre nell'ottobre 1938 il Comune decide di assumersi il carico delle spese di lire 5.300 precedentemente negate (ed i lavori sono approvati anche dal Genio Civile) inopinatamente negli ultimi giorni dell'anno avviene un fatto sorprendente: si riunisce il Capitolo aprutino ed il Vescovo Micozzi annuncia che il Prefetto gli ha reso noto che poiché si intende sistemare la zona antistante il Palazzo del Governo, la Provincia ha deciso la demolizione del fabbricato che ospitava il convitto e di conseguenza, per ragioni di carattere statico ed estetico, questa demolizione prevede anche la soppressione della chiesa; inoltre esiste pure l'impegno di ricostruire la chiesa in piazza Garibaldi. E qui la deliberazione degli ecclesiastici è veramente inattesa, perché vengono sposate le ragioni addotte dalla Provincia: la promessa di ricostruire viene accettata e quindi si delibera all'unanimità di dare il parere favorevole alla demolizione, considerato anche che «a soddisfare ai bisogni spirituali degli abitanti che si trovano nella zona adiacente alla Chiesa da demolire, esiste l'ampia e comoda Chiesa di S. Agostino».

Per la chiesa di San Matteo è la fine, quindi? Non proprio, perché nei momenti decisivi il Vescovo si discosterà nettamente da questa posizione, e si vedrà in quali modalità. Ad aumentare l'incertezza circa le vedute sulla chiesa, nei primissimi giorni del 1939 il

Podestà prima comunica a Don Lorenzo Di Paolo che la Prefettura ha approvato la delibera dei lavori che furono richiesti (le cui spese dovrebbero essere anticipate dal comitato per i restauri e sarebbero in seguito restituite secondo le modalità stabilite), ma poi a febbraio richiede al Vescovo Micozzi la formale autorizzazione ad abbattere la chiesa. La posizione dal Comune appare quindi ambigua, ed inoltre c'è da chiedersi se Don Lorenzo conosca personalmente la decisione ufficiale assunta dal Vescovo alla fine dell'anno appena trascorso, cioè di acconsentire alla demolizione.

Al di là delle circostanze che riguardano le sorti della chiesa e che emergono dalla lettura documentale, si trascina una polemica più o meno sotterranea riguardo le sorti del tempio. Esistono i detrattori della chiesa che guardano maggiormente al pubblico interesse, come ci sono i paladini, i fedeli, che si preoccupano invece delle esigenze spirituali; si esprimono opinioni, si intessono discussioni, si lanciano accuse, alle quali non sfugge neppure lo stesso parroco. Riguardo alle pressanti richieste da egli avanzate per ottenere i locali attigui alla chiesa, Don Lorenzo è costretto ad intervenire pubblicamente «per la verità e la giustizia», puntualizzando che nella sistemazione della nuova parrocchia «nessuno può lontanamente sospettare che si tratti di favorire gl'interessi privati di un cittadino prete. Invece, come tutti sanno (e lo sanno anche i turchi e i pagani di tutto il mondo), si tratta di applicare le leggi millenarie e universali del popolo Cattolico e la legge dello Stato Fascista». Egli ricorda come il diritto canonico impone al parroco «l'obbligo di risiedere in parrocchia nella casa parrocchiale presso la sua chiesa». Don Lorenzo deve rispondere ad un "articolista", sottolineando che tornare sull'argomento della sistemazione della chiesa non è «cosa oziosa, superflua e certo poco riguardosa verso le Autorità e verso le stesse Gerarchie della Chiesa».

A spazzare ogni dubbio sulle sorti della chiesa giunge il 21 marzo 1939 la deliberazione ufficiale del Podestà Montani di abbattere la chiesa e ricostruirla in un altro luogo. La demolizione questa volta è legata all'iniziativa dell'I.N.F.I.L.[22] che stabilisce di costruire

_____

22 Istituto Nazionale Fascista Infortuni sul Lavoro.

a Teramo la propria sede; l'abbattimento è richiesto affinché si possano avere i quattro lati liberi. Nella delibera risulta chiaramente l'autorizzazione del Vescovo «sotto determinate condizioni, che sono state concordate», e viene specificato che l'inizio della costruzione, per un «progetto che non dovrà superare la spesa di lire 200.000, oltre l'area», avverrebbe entro un anno dall'avvenuto abbattimento, in piazza Garibaldi, «possibilmente sull'area comunale delimitata dal Viale Bovio, dalla Piazza, dalla strada per Torricella e da quella dinanzi il villino Triozzi».

Tutti d'accordo, quindi? Non proprio, se Don Lorenzo Di Paolo, che sembra voler ignorare o non conoscere quanto è stato deciso anche dai suoi superiori, per le note esigenze di ristrutturazione della chiesa torna nuovamente a rivolgere le sue suppliche al Prefetto; il comitato per i restauri ha raccolto la ragguardevole cifra di lire 30.000, a fronte dell'ultimo preventivo dei lavori dell'ingegner Nicola Pieranunzi che prevede una spesa di lire 54.300 (a tanto questa è lievitata, rispetto al primo preventivo di lire 23.314 preparato nel 1935 da Gino Mazzoncini!). Don Lorenzo scrive ripetutamente al nuovo Prefetto Andrea Tincani: a maggio, a luglio, a novembre, ripetendo le solite argomentazioni e facendo pure intendere che su di sé gravano le responsabilità per le pressioni che riceve dai fedeli che hanno offerto il proprio denaro per il desiderato grande restauro: «Non passa giorno senza sentirmi dire: Noi abbiamo dato volentieri il denaro per i restauri della chiesa. E' necessario eseguire il restauro: altrimenti restituiteci il denaro».

I mesi successivi, al di là della delibera comunale, mostrano ancora un andamento alterno per le sorti della chiesa teramana. Il Prefetto Tincani non è rimasto insensibile alle richieste del parroco, così all'inizio dell'anno 1940 sembrano allontanarsi concretamente le dense nubi che gravano sul sacro tempio. Già nell'ultima sua di novembre Lorenzo Di Paolo rivolge al nuovo Prefetto il plauso delle famiglie teramane e la riconoscenza del comitato per i restauri[23] per

---

23 Nel 1940 fanno parte del "Comitato per i Restauri della Chiesa di San Matteo" presieduto da Don Lorenzo Di Paolo: Dott. Vincenzo Savini, Comm. Cesare Forcella, Ing. Nicola Pieranunzi, le signore Raffaella Forcella vedova Colasurdo e Giuseppina De Vico, le signorine S. De Petris, M. Censoni, Adele e Maria Di Paolo.

aver «deciso che la storica chiesa di S. Matteo, tanto necessaria al popolo, sia restaurata e conservata al culto pubblico».

E' anche il Preside dell'Amministrazione Provinciale Gennaro Flajani a tendere la mano, annunciando che vengono messi a disposizione i «vani retrostanti all'Altare Maggiore, attualmente occupati dall'Archivio di Stato, nonché il corridoio laterale della Chiesa lato Teatro, nella parte che risulterà libera dopo la costruzione della gradinata d'ingresso al piano superiore, e il vano di accesso alla cella campanaria ivi compresa parte dell'attuale autorimessa della M.V.S.N.[24]». Per l'Archivio di Stato ci sarebbe invece la sistemazione di un nuovo ed unico ingresso in via Delfico. Il tutto avverrebbe in tempi rapidissimi.

In aprile il nuovo Podestà di Teramo, Maggiore Umberto Adamoli, lascia intendere la salvezza della chiesa, che durante la demolizione del fabbricato ex-convitto dovrà essere chiusa al culto. La preoccupazione per la salvaguardia della staticità della chiesa risulta chiaramente espressa nelle parole del Podestà: «Considerato che la Chiesa è coperta con volta di mattoni, spingente nel fianco della Chiesa che rimarrà libero dopo la demolizione, si rende necessario redigere una sezione trasversale per stabilire se sia il caso o meno di applicare incatenature al Sacro edificio, o ricorrere ad altro espediente tecnico, atto ad eliminare la spinta suddetta».

Anche la Provincia indica gli accorgimenti per assicurare la struttura della chiesa: «Per garantire la stabilità della volta, si propone la sopraelevazione dei quattro muri normali alla facciata del fianco, con muratura a mattoni in malta di cemento a 450. Con questo robusto rinfianco si elimina ogni eventualità di deformazione della volta. La falda del tetto a copertura della navata laterale interessata dai lavori di isolamento, attualmente con inclinazione verso la Chiesa, viene smontata, abbassata ed appoggiata su i muri da sopraelevare e su quelli che verranno parzialmente demoliti fino a raggiungere la quota necessaria». Inoltre «dalle esplorazioni compiute alle

---

24 Milizia Volontaria per la Sicurezza Nazionale. Era un corpo militare dell'Italia fascista.

29

fondazioni dei muri interessati è risultato che questi sono ben costruiti e raggiungono il banco breccioso». Spesa prevista lire 15.000. La chiusura viene disposta dal 28 aprile 1940.

Tutto bene, si direbbe, ma in realtà questo è l'inizio della lunga agonia della chiesa di San Matteo, dato che l'Amministrazione Provinciale, con repentino mutamento di rotta l'11 luglio delibera «con compiacimento» la demolizione. Perché la decisione è stata cambiata? All'atto pratico la demolizione dell'ex-convitto ha evidenziato una realtà diversa riguardo la staticità della chiesa? Nulla si riferisce a riguardo nell'atto di delibera. Si parla degli accordi intercorsi tra il Vescovo e il Podestà, ma non si comprende se tali accordi siano quelli che si raggiunsero nel dicembre 1938 o se sono scaturiti dalla nuova situazione; viene comunque rammentato l'impegno a ricostruire, e l'Amministrazione Provinciale concorre con un contributo di lire 100.000, da corrispondersi al Comune per l'acquisizione dell'area che viene a liberarsi con la demolizione (ed a suo tempo si vedrà con quali argomenti la Provincia cercherà di sottrarsi agli impegni assunti!). Per il momento la Provincia stessa va a deliberare d'urgenza un contributo di lire 10.000 da corrispondere al Comune per l'abbattimento.

Che il cerchio non sia affatto chiuso e che in effetti non esiste questa supposta identità di vedute tra Comune, Provincia e Curia lo si comprende dalla lettera che il Vescovo Micozzi, alle prese con serissimi motivi di salute, è costretto a scrivere da Roma al Podestà Adamoli. Da questo momento i toni del confronto tra le parti sono destinati a diventare particolarmente accesi: «Signor Podestà, debbo in via confidenziale farle conoscere che mi sono giunte e mi giungono continuamente lagnanze per la chiusura della Chiesa di San Matteo, chiusura che si teme motivata da futura demolizione. Non so quale fondamento possano avere tali lagnanze; la prego quindi di voler soprassedere a qualunque decisione in proposito sino al mio ritorno, e permettere la riapertura della Chiesa per non dare luogo in questi momenti a disguidi che si possono evitare. In caso contrario abbia la bontà di significarmi il motivo per cui la Chiesa debba seguitare a stare chiusa affinché io possa giustificare il provvedimento alla popolazione che si è rivolta a me». Contemporaneamente il Podestà riceve una lettera anche da Lorenzo Di Paolo, il quale gli fa presente che la promessa di ricostruire la chiesa non potrebbe essere comunque mantenuta, perché a causa dell'entrata in guerra dell'Italia (10 giugno 1940) è stata appena pubblicata una legge che vieta alle Province, ai Comuni e agli altri in genere di iniziare qualsiasi lavoro[25].

Adamoli mostra di non gradire l'esposto del parroco, ritenuto, come il Podestà riferisce al Vescovo, «quanto meno tendenzioso e poco riguardoso per la Vostra persona a cui, date le condizioni nelle quali vi trovate, doveva esservi risparmiato il fastidio procuratovi». Sulle ragioni della chiusura della chiesa rimane alquanto enigmatico, riconducendole ad urgenti ragioni di interesse pubblico, per la tutela della pubblica incolumità. Forse per non turbare il Vescovo malato egli non confessa pienamente le reali intenzioni del Comune, rimandando ogni discussione al ritorno di questi a Teramo.

Quando il 25 ottobre 1940 il Podestà delibera l'immediata demolizione della chiesa, affidandone i lavori alla ditta Beniamino Melasecchi (contestualmente delibera il contributo per la ricostruzione e l'assegnazione di un'area adeguata), emergono i reali motivi che avrebbero fatto propendere per la soppressione: nonostante gli accorgimenti tecnici adottati dalla Provincia nel corso dei lavori di demolizione dell'ex-convitto (il rafforzamento del muro laterale liberato dalle demolizioni), accorgimenti dal carattere precario e legati all'esigenza della demolizione, non è stato possibile garantire la staticità dell'edificio, che in pratica una volta isolato dal resto del fabbri-

---

25 E' la legge del 21 giugno 1940 n. 769 che in vista delle esigenze straordinarie della difesa della nazione prevede la riduzione delle spese dello stato relative ai servizi civili nei limiti strettamente indispensabili. Viene imposta la revisione degli stanziamenti di bilancio destinati alle spese straordinarie per opere pubbliche e alla spese ordinarie di carattere non obbligatorio. Anche ai comuni, all'articolo 3, viene imposto di «eseguire una revisione degli stanziamenti passivi inscritti nei rispettivi bilanci, per ridurre le spese nei limiti strettamente indispensabili al funzionamento dei servizi. Nessuna nuova spesa per opere, provviste o impianti, di carattere straordinario, può essere deliberata (...) a meno che non sia stata preventivamente riconosciuta indilazionabile dal Ministero dell'interno».

cato non sarebbe più in grado di sostenere se stesso in assoluta sicurezza; inoltre il tetto è notevolmente deteriorato e le infiltrazioni potrebbero aggravare ulteriormente la stabilità; «infine non si rendono possibili opere definitive di consolidamento e, comunque, queste sarebbero molto costose ed inadeguate al valore ed importanza dell'edificio». In quest'ultimo assunto, affermandosi che le opere di consolidamento sarebbero troppo costose, si finisce con l'ammettere invece che questa carenza di staticità non è insuperabile: in fin dei conti viene presa una decisione di merito, perché sarebbe solo una questione di un esborso troppo elevato per una chiesa ritenuta di scarso valore. In considerazione delle argomentazioni del Comune «non si ravvisa altra soluzione possibile all'infuori della totale demolizione della Chiesa». Questa è la motivazione definitive che decreta la sorte della chiesa di San Matteo. L'edificio ha i giorni contati e la polemica è destinata ad accendersi ulteriormente.

Alcuni giorni dopo il Podestà Adamoli comunica al Prefetto Tincani che per la demolizione della chiesa, nel rispetto del Concordato tra Santa Sede ed Italia, sono stati raggiunti accordi con l'autorità ecclesiastica, «la quale ha dato alla demolizione medesima il suo pieno consenso»; ma non affermerebbe il vero poiché l'avvocato Attilio Masi, su incarico del Vescovo Micozzi, fa sapere alle due massime autorità locali che il prelato, riguardo alla demolizione, ha ricevuto dalla Santa Congregazione del Concilio (nella persona del Cardinale Francesco Marmaggi) la disposizione di sospendere tutto, perché essa sola è competente in materia. E' l'estremo espediente legale tentato dal Vescovo per invalidare ed interrompere le procedure in atto, al fine di salvare la chiesa?

La deliberazione ecclesiastica adottata dal Capitolo aprutino negli ultimi giorni del 1938, nella quale venne raggiunto il consenso unanime, rappresenta il documento ufficiale sul quale il Comune fonda l'approvazione dell'autorità ecclesiastica, ma non sarebbe che un assenso di massima, cui avrebbero dovuto seguire ulteriori atti tra le parti; a tale riguardo non mancheranno ulteriori precisazioni da parte dell'avvocato Masi.

Gli animi si scaldano perché il Prefetto Tincani invita il Podestà Adamoli a favorire «precise e sollecite spiegazioni» in quanto la comunicazione dell'avvocato Masi circa l'approvazione ecclesiastica «è in assoluto contrasto con quanto Voi mi avete partecipato». Questi conferma nuovamente l'esistenza del consenso e lo spiega espressamente: nel momento in cui si stabilì la costruzione della nuova sede dell'I.N.F.I.L. furono intrattenuti i rapporti con il Vicario Generale della Curia Giovanni Muzj il quale assicurò che il Vaticano aveva dato la sua autorizzazione. Precisa che in effetti non esiste alcun atto scritto del consenso (ma al Comune non era nota la delibera della Curia?) e lo stesso progetto di costruzione della sede dell'I.N.F.I.L. fu poi abbandonato perché l'Istituto non ritenne più di costruire a Teramo la propria sede.

E' proprio quest'ultimo aspetto ad essere sottolineato dal legale del Vescovo, che precisa che questi contatti ebbero solamente un carattere preliminare, non essendo seguita una fase più concreta, a causa dell'abbandono del progetto ed anche per l'evidente ripensamento stesso del Comune circa le sorti della chiesa, per la quale aveva pure stanziato dei fondi per la riparazione del tetto. Si aggiunga pure che il formale impegno a ricostruire, aspetto essenziale per attuare la demolizione, non può essere rispettato a causa della legge che vieta nuove costruzioni.

Il Podestà Adamoli ribadisce comunque al Prefetto Tincani che non intende assolutamente assecondare la richiesta di sospensione avanzata dal Vaticano, che non ha alcun potere in tal senso; la sua disposizione rimane senz'altro esecutiva, per motivi urgenti e di pubblica sicurezza. In una vera e propria prova di forza il Podestà si rivolge allo stesso Cardinale Marmaggi, confermandogli le proprie validissime ragioni che fanno decidere senz'altro per la demolizione, una «quistione falsata da un piccolo nucleo di interessati»; egli si permette pure di affermare che se la chiesa «non risorgerà nello stesso posto, o nelle sue vicinanze, nessun danno ne potrà risentire il Culto. Altre Chiese rimangono a disposizione degli stessi fedeli». Conclude sottolineando invece la necessità di una chiesa per «un sobborgo, costituito dal popolo, il nuovo villaggio Costanzo Ciano ed altre vicine frazioni, che sono privi di ogni assistenza religiosa». La chiesa ha le ore contate.

13 gennaio 1941. Il Podestà invia una "urgentissima raccomandata a mano" al Vescovo Micozzi comunicandogli ufficialmente che il giorno giovedì 16 gennaio inizieranno i lavori di demolizione della chiesa, che saranno «rapidamente condotti a termine». Lo invita quindi a sgomberare l'edificio dagli arredi sacri; «qualora ciò non avvenga in tempo utile, questa Amministrazione si riterrà autorizzata a provvedervi direttamente nel modo migliore possibile». Il Vescovo rimane in silenzio, e alle ore 9 del giorno stabilito gli addetti comunali provvedono puntualmente ad inventariare e sgomberare gli arredi della chiesa; quindi avviene la consegna dei lavori alla ditta Beniamino Melasecchi.

Nel frattempo si compiono gli ultimi disperati tentativi per salvare la chiesa teramana, ma ormai è tardi. Al Ministero dell'Interno giunge il giorno 18 un telegramma del Vescovo con la richiesta che sia evitata la demolizione della chiesa; dovendo di conseguenza il Prefetto riferire allo stesso Ministero «in modo preciso ed esauriente» questi si rivolge in via "urgentissima" e "riservatissima" al Podestà chiedendo lumi. E il Prefetto fa sapere il giorno stesso a Roma che «non est assolutamente possibile sospensione lavori da tre giorni in corso per demolizione Chiesa S. Matteo». Il giorno 20 il Vescovo si rivolge pure a Benito Mussolini facendogli conoscere che la demolizione «ha urtato profondamente me ed il sentimento religioso del popolo, il quale suppone che il provvedimento sia piuttosto determinato da altre ragioni e non dalla stabilità dell'edificio. (...) Prego Voi, Duce, ad intervenire ed impedire tale danno, che turberebbe profondamente il sentimento religioso di un popolo».

Tutto è inutile perché la demolizione è in corso. Nonostante ciò il Vescovo si rivolge anche al Pretore di Teramo e intraprende un giudizio possessorio per chiedere l'accesso alla chiesa, ottenere la sospensione dei lavori e la reintegra nel possesso della stessa. Nel mattino del giorno 22 l'ingegnere Filippo Sneider su incarico del Vescovo si reca sul posto, ma non riesce ad accedere all'interno dell'edificio, perché era in corso la demolizione dell'ultima parte del tetto e del timpano di coronamento del prospetto. Nel pomeriggio riesce invece ad entrare e prende visione delle condizioni della chiesa, riscontrando con profondo rammarico la demolizione della «bellissima volta fino all'arco del presbiterio». Egli riscontra come non siano stati eseguiti puntellamenti, né opere provvisionali, necessarie se il fabbricato fosse stato veramente pericolante: «Gli archi e le volte delle Cappelle non presentavano lesioni anche dopo fatta crollare la volta; ciò fa escludere qualsiasi sospetto che la Chiesa minacciasse rovina». Constata pure come non sia stata presa «alcuna precauzione per salvare qualcuno dei dettagli di maggior valore della decorazione, quali potrebbe essere stato il portale dell'ingresso principale, le statue che decoravano il presbiterio. La demolizione procedeva come per un fabbricato condannato alla totale distruzione». Ravvisa quale unico valido motivo dell'abbattimento la necessità di un allineamento dei prospetti di nuova fabbricazione del Corso San Giorgio (la chiesa sporgeva di circa due metri), ritenuta inopportuna per il valore artistico della chiesa, ma comunque realizzabile con le dovute cautele. E questa soluzione sarebbe stata in effetti anche considerata dal Comune: nella Pasqua 1940 infatti la decisione di ricostruire la facciata della chiesa fu comunicata al parroco da parte del Prefetto Tincani. Lo stesso Vescovo Micozzi, la sera prima che partisse per Roma per entrare in clinica, approvò questo progetto, e il consenso fu comunicato poi da Lorenzo Di Paolo in Prefettura, alla presenza anche del Podestà Adamoli. Tale progetto fu poi accantonato.

Il punto di vista dello Sneider è ovviamente destinato a rinfocolare ulteriormente gli animi, già accesi per le polemiche e per l'intervento in atto delle autorità ministeriali. Le opinioni dello Sneider sono puntualmente contestate dall'ufficio tecnico del Comune, soprattutto perché l'esser giunto al sopralluogo in avanzato stato di demolizione rendeva impossibile qualsiasi giudizio sulla staticità della struttura. Sulla mancanza di opere di puntellamento viene riferito che queste, inizialmente previste, furono accantonate per non esporre ad un serio rischio gli operai che avrebbero dovuto lavorare sotto la volta. Quanto alle decorazioni artistiche l'unico particolare ritenuto di un certo valore, il portale d'ingresso in travertino, era stato accuratamente rimosso e sistemato per la conservazione degli elementi.

La notizia della demolizione della chiesa di San Matteo, raggiunti gli ambienti ministeriali, suscita la prevedibile reazione. Il Soprintendente da L'Aquila bacchetta il Podestà Adamoli e si rifiuta assolutamente di «accogliere la tesi che mi risulterebbe voglia accampare cotesto Comune per giustificare l'improvviso ed inopportuno abbattimento della Chiesa di S. Matteo, notoriamente iscritta negli elenchi degli Edifici di interesse artistico di cotesta città» (ma di questo provvedimento di riconoscimento d'interesse artistico e storico né il Podestà, né il Prefetto troveranno traccia alcuna). Il Soprintendente sottolineando la già citata pubblicazione di Salvatore Rubini che documenta l'importanza artistica della chiesa, fa presente che della demolizione ha fatto rapporto al Ministero, «per i provvedimenti del caso». Che non tarderanno ad arrivare, alimentando ulteriormente le polemiche.

A demolizione avvenuta si comincia a pensare anche alla costruzione della nuova chiesa, per la quale lo stesso Vescovo ne chiede conto: il Comune conferma di avere previsto un contributo di lire 200.000, di cui la metà sarebbe erogato subito; la costruzione sorgerebbe in piazza Garibaldi in un area di circa mq. 1400.

Il Podestà Adamoli, nel tentativo di mettere a tacere la «voce peregrina falsa o falsata» circa la demolizione, è costretto a relazionare al Ministero, «facendo voti che la messa a punto definitiva tronchi il blaterare petulante e pettegolo di qualche animula paesana, dalla mentalità miseramente borghese, non conforme al tempo e al clima del Regime Fascista». Il Ministero dell'Educazione Nazionale invece, nella persona del Sottosegretario di Stato Emilio Bodrero, deplora vivamente la demolizione ed impone la corresponsione di un indennizzo di lire 10.000, «sotto forma di contributo in favore del restauro di uno dei monumenti locali, che sarà designato dal Soprintendente»; invita altresì il Prefetto a rivolgere un richiamo al Comune.

La sollecitazione del sottosegretario non è però recepita dal Prefetto, poiché Tincani è pienamente allineato alla posizione assunta dal Comune, e contesta la ritenuta illegalità della demolizione, attaccando invece duramente il Vescovo Micozzi: egli «non ha fatto mistero della sua aspirazione a divenire il benemerito costruttore di un nuovo tempio» e la sua preoccupazione in definitiva era quella non già della conservazione della chiesa, ma di procurarsi i fondi necessari per la costruzione di una «più vasta e più decorosa chiesa» da attribuire al patrimonio ecclesiastico. Continua sottolineando che i rapporti con il Vescovo sono rimasti cordiali sin tanto che «questi conservò la speranza di condurre a buon fine le sue aspirazioni di carattere finanziario», poi al ritorno a Teramo dopo la lunga malattia riprese il governo della Diocesi ed i rapporti mutarono. Questi tenne nei confronti del Podestà un silenzio ritenuto «strano, pertinace e irriguardoso», spalleggiato da Lorenzo Di Paolo, qualificato "sedicente" Rettore della chiesa di San Matteo. Quest'ultimo ha sollecitato l'intervento della Soprintendenza di L'Aquila, rimarcando l'importanza artistica della chiesa e facendo riferimento alla pubblicazione «reclamistica e di propaganda finanziaria» del 1934 di Salvatore Rubini, ritenuto «un modestissimo funzionario di Ragioneria che non ha mai conseguito alcun diploma di carattere artistico»[26]. Il Comune, nonostante le «disagiatissime condizioni

_____

26 In un'altra denigratoria relazione del Comune intitolata *"Oratorio di San Matteo"*, ci si esprime in questi termini nei confronti di Salvatore Rubini, la cui produzione viene ritenuta «una scorribanda quasi turistica, da dilettante o, al più, da amatore di monumenti»: «l'autore è un ragioniere. E' attratto in modo sentimentale e impressionistico da ogni manifestazione architettonica del passato e specialmente dell'Evo antico e medio: effetto di questa sua impressionabilità un'abitudine, una idea sua, tanto fissa quanto sommaria e superficiale e frammentaria nel contenuto. In conseguenza ha una misura ed una valutazione delle cose che considera, ed anche delle sue stesse valutazioni sproporzionate, sfasate, quasi sempre inconsistenti. Ciò fondamentalmente e decisivamente, perché è privo di ogni cultura artistica e storica e di cultura generale. Questa posizione sua spirituale, tutta personale, lo porta qualche volta a cimentarsi nella espressione scritta delle sue imprecisioni. Non vi ha chi le abbia tenute in conto qualsiasi mai». Occorre peraltro sottolineare che l'accanimento di cui è vittima il Rubini ha verosimilmente una matrice ideologica: il fascismo, tutto proteso alla valorizzazione della romanità, identifica nel barocco uno stile degradato. Rubini invece nel suo lavoro prende decisamente le difese dell'ultimo

finanziarie», pur non avendone «l'obbligo assoluto» avrebbe compiuto il «massimo sforzo possibile». La questione della demolizione viene ritenuta da Tincani una montatura e di ciò anche la popolazione si sarebbe resa conto «disapprovando apertamente il contegno del Vescovo Mons. Micozzi».

L'acceso intervento del Prefetto rende l'idea di quanto questo "fattaccio" della demolizione ha alimentato discussioni e polemiche a livello istituzionale e tra la popolazione. A quasi due mesi dalla scomparsa della chiesa questo costituisce il momento di maggiore acredine tra le parti coinvolte; il tempo pensa poi a rasserenare gli animi ed a creare nuovamente uno spirito di collaborazione, anche perché occorre pensare alla ricostruzione (si vedrà con quali esiti!). Lo stesso giudizio possessorio intentato dal Vescovo nei giorni della demolizione viene ricomposto bonariamente più di un anno dopo. Passeranno invece quasi quattro anni perché gli arredi della chiesa, tenuti in deposito dal Comune, vengano restituiti nelle mani del parroco di Sant'Agostino Domenico Di Marco.

Poteva essere mutato il destino della chiesa di San Matteo? Esisteva veramente un'alternativa all'abbattimento con i difficili anni che erano dietro la porta? La chiusura ad oltranza ne avrebbe certamente accresciuto la fatiscenza e lo stesso comitato per i restauri difficilmente sarebbe riuscito a realizzare i lavori facendo leva sulle proprie forze, considerato pure che gli stessi contributi promessi dal ministero sarebbero stati erogati solo a conclusione dei lavori.

---

monumento della città che possiede questa impronta, dopo la demolizione delle forme barocche del Duomo.

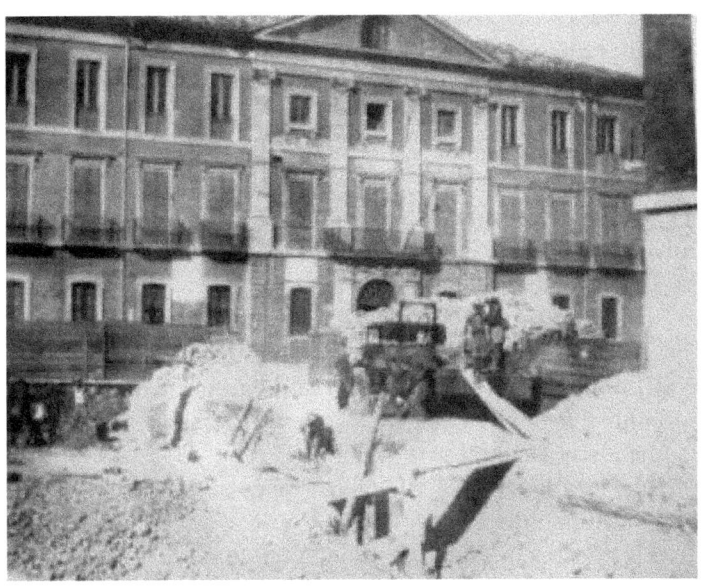

Estate 1940: lavori per l'abbattimento del complesso di San Matteo

E la nuova chiesa? L'impegno a ricostruire entro un anno viene rispettato? E i contributi promessi? Le cose non andarono come si auguravano fedeli ed ecclesiastici teramani. Intanto riguardo l'entità dei contributi: le 100.000 lire promesse dal Comune e le 100.000 lire promesse dalla Provincia, erano da considerarsi veramente poca cosa per poter costruire una chiesa nuova; per questo aspetto venne in soccorso lo stesso Mussolini che promise alla Prefettura l'invio di un contributo di lire 500.000[27].

---

27 Che poi, dati i tempi, questa eccezionale elargizione sia stata una semplice promessa lo si intuisce dalla mancanza assoluta di qualsiasi documentazione relativa alla effettiva erogazione del contributo, di cui si ha notizia in un telegramma di ringraziamento del Vescovo Micozzi a Mussolini.

I lavori vennero effettivamente avviati dal Comune, secondo un progetto redatto dall'ingegnere comunale Boldrini e approvato dal Vescovo, aspetto che indusse la Santa Congregazione del Concilio a sospendere l'invio dell'interdetto sulla città di Teramo. Ma, costruite le fondamenta della nuova chiesa, i lavori, contrariamente agli ordini del Prefetto, furono sospesi. I tempi non erano certamente propizi, perché il dispendio delle enormi risorse impiegate nel tragico conflitto mondiale, con la conseguente scarsità di mezzi finanziari, impedì il compimento di un tale progetto.

Il discorso riprese con l'avvento della repubblica, ma emersero anche le difficoltà legate alla risoluzione di problematiche che erano un'eredità del vecchio regime. Sulle poltrone di comando giunsero uomini nuovi che desideravano evidentemente cancellare tutto quello che atteneva al recente passato.

Nel luglio 1947 il Sindaco Francesco Franchi si rivolse al Presidente della Provincia, avvocato Vito Caravelli, pregandolo di disporre il versamento nella cassa comunale delle 100.000 lire stanziate per la costruzione della nuova chiesa, mai effettuato. Nacquero nuove incomprensioni, perché la Provincia riteneva che le condizioni per il pagamento non sussistessero più, in quanto il passaggio di proprietà dell'area risultante dall'abbattimento della chiesa non era stato mai perfezionato, oltre al fatto che parte di quest'area era stata utilizzata dal Comune per l'ampliamento del marciapiede. Qualcuno evidentemente si fece un esame di coscienza, e la Provincia cambiò presto rotta per «non intralciare l'iniziativa per la costruzione di una nuova Chiesa di Teramo»; si facesse quindi questo passaggio di proprietà e la Provincia avrebbe versato la somma prevista. Ma quasi tre anni dopo il contributo non era arrivato perché ancora nulla si era concluso. Non solo, ma l'ingegnere capo del Comune pose la questione se fosse veramente opportuno trasferire l'area alla Provincia, in funzione tra l'altro anche della costruzione dell'edificio della previdenza sociale.

Si aggiunga pure che alla morte di Micozzi nel 1944 il nuovo Vescovo Gilla Gremigni ritenendo il luogo prescelto per la costruzione della chiesa non idoneo, si fece assegnare dal Comune un'altra area in viale Bovio, all'altezza del bivio per Torricella Sicura. Non avendo però avuto questo progetto alcun seguito, il Vescovo restituì il terreno e ne ottenne un altro nel punto opposto della città dove, impiegando le risorse finanziarie previste per la "ricostruenda" chiesa di San Matteo, sorse la chiesa di San Berardo.

A Lorenzo Di Paolo sin dal 1941 era succeduto quale vicario-curato della ex-chiesa di San Matteo Don Domenico Di Marco, che vi rimase fino al 1948; quindi subentrò Don Giovanni Iobbi, proveniente dalla parrocchia di Torricella Sicura. Fu questi, anche grazie alla esperienza maturata negli importanti lavori edilizi compiuti a Torricella, che riprese con decisione il progetto della chiesa iniziata e mai terminata (quando i lavori furono interrotti le mura erano arrivate all'altezza di circa un metro): ottenute le necessarie autorizzazioni edilizie, i lavori ripresero nel 1955[28].

Sono destinati a passare oltre vent'anni dalla demolizione della chiesa prima che sia aperta al culto in piazza Garibaldi quella che non sarà più la "ricostruenda" chiesa di San Matteo, bensì un tempio dedicato al Sacro Cuore Immacolato di Maria e retto da Don Iobbi, il quale dopo tanti anni aveva idealmente ricevuto da Lorenzo Di Paolo il testimone nella prosecuzione di una battaglia che negli anni del fascismo aveva mirato alla conservazione di una storica chiesa teramana, mentre ora in piena democrazia si lavorava all'apertura della nuova chiesa, tra lungaggini burocratiche e problemi finanziari (che non mancavano): nell'aprile 1959 Don Giovanni Iobbi è costretto a rivolgersi al Presidente della Repubblica Giovanni Gronchi lamentando le difficoltà degli abitanti della zona nell'adempiere ai doveri religiosi, non avendo una propria chiesa. Egli non manca di sottolineare come «ne hanno presa occasione i protestanti Pentecostali per aprire una loro chiesa, con grave pericolo della fede dei cattolici più deboli». La chiesa eretta in piazza Garibaldi venne finalmente inaugurata nel dicembre 1962.

---

28 Cfr. Giulio Di Nicola, *"La chiesa di S. Matteo in Teramo"*, 1977-1981, dattiloscritto, pagg. 28-29).

L'abbattimento della chiesa di San Matteo rappresenta in definitiva un esempio nel quale le ragioni della conservazione di una parte del patrimonio edilizio della città teramana, che costituisce un importante elemento della propria identità, sono state sacrificate ad altre considerazioni molto più contingenti; nel caso della chiesa sembra avere giocato un ruolo anche l'atteggiamento ostile del fascismo nei confronti dell'architettura barocca, il cui stile veniva considerato lezioso, degradato (e l'abbattimento della chiesa seguì infatti la distruzione di un'altra testimonianza dell'arte barocca a Teramo, cioè la demolizione tra il 1928 e il 1933 degli interni del Duomo)[29].

Se nella storia recente della città non si è mai sopita la polemica sulla demolizione del bellissimo Teatro Comunale, sacrificato negli anni del boom economico ad esigenze di pura valorizzazione commerciale della città, si può anche ritenere che si è cercato di fare tesoro degli errori compiuti nel passato: è il caso dell'ulteriore tentativo di recupero dell'Anfiteatro romano. Questo progetto in un certo senso può essere inteso anche come una espiazione per i delitti contro il patrimonio edilizio commessi dai precedenti amministratori della città.

Sulla demolizione della chiesa di San Matteo è sceso invece il silenzio, ed anche la memoria stessa del monumento sembra attenuarsi. Eppure la sua perdita appare ancora più grave se si pensa che

---

29 «E' di vitale importanza per il fascismo riproporre le forme simboliche sia dei municipi romani che dei comuni medioevali: da qui la giustificazione dell'utopia storica e la incarnazione di una volontà di potenza che si alimenta con la presenza dei monumenti millenari nella loro recuperata integrità depurati da tutte le superfetazioni stilistiche che, specie nel caso del barocco, configurano leziosità ed esaltazione estetica: nemici dichiarati dalla filosofia del ventennio tutta tesa a riscoprire le gesta eroiche della romanità e della stagione delle cruente lotte di potere» (Francesco Tentarelli, *"Ciò che è vivo e ciò che è morto nell'arte barocca a Teramo. Note sulla cultura del restauro nel Ventennio"* in *"Il Duomo di Teramo nel '900 tra forma urbana e società civile"*, Teramo, Deltagrafica, 1998; vedi anche: Francesco Tentarelli, *"Francesco Savini e il restauro delle chiese di Teramo"* in *"Per una storia d'Abruzzo del XX Secolo"*, Atti del Convegno su Francesco Savini, Mosciano S. Angelo-Teramo, 5-6 dicembre 2002, Istituto Abruzzese di Ricerche Storiche, Teramo, Edigrafital).

il suo sacrificio è servito in definitiva a rendere disponibile solo una piccola area vuota, quella che oggi è denominata Largo San Matteo. Un'area che per alcuni detrattori della demolizione occorreva per realizzare la piazza davanti al balcone centrale della Prefettura dal quale il Duce, invitato a Teramo, avrebbe fatto il suo discorso al termine della guerra lampo.

A ragione delle ripetute minacce di demolizione, sulla chiesa sembra essere gravata per quasi due secoli la maledizione del tragico crollo del tetto, che nel 1745 travolse trenta monache riunite in preghiera, uccidendone quindici.

Certamente il destino della chiesa nel suo momento più critico si è incrociato con i difficili anni della guerra e la conseguente penuria finanziaria, che avrebbe reso più arduo percorrere la strada di un risanamento definitivo. E' lecito chiedersi però quanto il precario stato di conservazione nel quale versava l'edificio è da ritenersi l'autentica ragione del suo abbattimento e quanto invece questa fatiscenza abbia avuto un carattere puramente strumentale, per perseguire gli espliciti intenti di sistemazione estetica del Corso San Giorgio. La domanda sorge anche dai contenuti dell'ordinanza di abbattimento del 25 ottobre 1940, nella quale da una parte si dichiarava l'irrecuperabilità della struttura, ma dall'altra si aggiungeva che in fin dei conti le opere per un consolidamento definitivo sarebbero state «molto costose ed inadeguate al valore ed importanza dell'edificio»; quindi si finiva con l'ammettere che questo risanamento era possibile.

Il Comune di Teramo perseguì sino alle estreme conseguenze le ragioni dell'indifferibile necessità di demolire la chiesa per tutelare la pubblica incolumità, e fu sordo agli inviti a soprassedere provenienti dagli ambienti ecclesiastici, anzi conducendo una vera e propria prova di forza, poiché ribadì senz'altro come legittima la propria decisione, sulla quale il Vaticano non aveva alcun diritto di interferire. Lo stesso Comune giunse a negare pubblicamente qualsiasi rilevanza storica ed artistica all'edificio[30], "declassando" addirittura la chiesa a semplice oratorio[31]. Venne a mancare la concordanza di vedute tra autorità pubbliche ed ecclesiastiche, che doveva costituire invece un aspetto essenziale per condurre nella legalità e alla luce del sole la procedura di demolizione, che prevedeva espressamente il formale impegno a ricostruire. Impegno che invece andava chiaramente a scontrarsi con le disposizioni della legge emanata all'indomani della dichiarazione di guerra, che a causa dell'impegno

---

30 Nella citata relazione *"Oratorio di S. Matteo"* il Comune espone le argomentazioni che dimostrerebbero l'assenza di valore artistico e storico della chiesa: «Questo Comune non ha mai conosciuto un documento, nè ha avuto mai cognizione di concreti fatti storici, di provata e conclamata importanza, da attribuire alla Chiesa di S. Matteo valore storico. Chè, come è pacifico ed è stato autorevolmente affermato e definito, non basta che un bene sia di data remota, per assumere pregio storico, perché la semplice vetustà non dà valore storico. (...) Nessun rilevante valore artistico è stato mai conosciuto, come risultante, non da sommari e generici cenni di pregi, ma da esauriente motivazione della causale artistica, che inducesse a far ritenere l'edificio della Chiesa di rilevante interesse culturale, perché per il valore artistico è necessario si abbia la prova sicura del reale interesse artistico, che gli organi competenti attribuiscano alla cosa, di che si tratta. (...) Nè la coscienza pubblica, ed in particolare quella della popolazione teramana, nè, il che è notevole, tutti gli scrittori di vicende teramane (e sono documenti di rilievo), nei secoli, dal Palma al Muzi al Campana, al Savini, risulta abbiano mai conferito importanza artistica o storica alla Chiesa di S. Matteo. Nessuna menzione nelle loro opere accurate, a rilevare qualche pregio siffatto in essa. (...) Dell'arte nella Chiesa di S. Matteo di Teramo, di pregi artistici di essa nei secoli, nessuna storia generale o dell'arte, nessuna storia locale e particolare, nessuna monografia in materia, alcuna narrazione, neppure un foglio di spunti cronici locali, hanno mai data notizia qualsiasi fin'oggi. Silenzio completo assoluto. (...) E i pregi istessi non li hanno sentiti e ravvisati, si è cennato, non dicesi i lontani, ma neppure i cittadini di Teramo, dai colti o versati a quelli degli strati comuni della popolazione. I cittadini di Teramo considerarono la Chiesa di S. Matteo quella che è sempre stata: il tempio della Città senza alcun motivo di speciale raccoglimento religioso, di attrazione particolare, edificio di Culto, ma privo di alcuna caratteristica di rilievo, edificio di Culto, ma riservato al servizio dell'Ente proprietario, il Comune, o delle istituzioni, cui era concesso dal Comune per lo svolgimento dei compiti nel fabbricato annesso».

31 Lo stesso Vicario Generale Muzj precisò nel 1934 che la chiesa fu adibita anche ad oratorio del convitto, ma senza il pregiudizio dei diritti parrocchiali, poiché questa era sempre rimasta aperta al culto ed il parroco vi aveva sempre eseguito le funzioni religiose; secondo le disposizioni del diritto canonico aveva quindi la precisa destinazione di succursale della parrocchia del Duomo per il quartiere di San

bellico imponeva esigenze di ristrettezze finanziarie e rendeva di fatto impraticabile qualsiasi promessa, che invece il Comune non mancò di confermare ripetutamente.

Sulla sorte della chiesa pesò anche l'intricata e lunga causa giudiziaria, in definitiva mai risolta, sull'effettivo riconoscimento del diritto di proprietà, che infine il Comune di Teramo rivendicò senz'altro nella sua pienezza, con la conseguenza che quanto disposto dal Concordato tra Vaticano e Stato italiano sulla demolizione di edifici sacri non era applicabile, anche in considerazione del fatto che la chiesa stessa risultava aperta al pubblico culto per un puro atto di tolleranza da parte del Comune. Esso si limitò a mettere al corrente gli ambienti vaticani dell'imminente demolizione, ma volle ignorarne la richiesta di sospensione, come rimase indifferente alla puntualizzazione che solo la Santa Sede avrebbe potuto dare il benestare, al di là del consenso espresso nel dicembre 1938 dal Capitolo aprutino, di cui il Comune invece si fece forza per dar luogo all'abbattimento.

Innegabilmente ci fu questo momento nel quale la Curia teramana manifestò il suo pieno consenso all'abbattimento, nella prospettiva di disporre anche di una nuova chiesa più funzionale alle esigenze di un'accresciuta popolazione; la stessa Sacra Congregazione del Concilio aveva poi richiesto di esaminare la convenzione stipulata tra Curia e Comune, che in effetti però non fu mai sottoscritta per l'accantonamento del progetto al quale si stava pensando in quel periodo (la costruzione della sede dell'I.N.F.I.L.). Anche se questa approvazione non può essere ritenuta una diretta responsabilità della Curia teramana, perché la posizione venne successivamente riconsiderata, ha evidentemente avuto un peso, forse determinante, sulla definitiva decisione di abbattere la chiesa[32].

_____

Giorgio.

32 Che tra gli ecclesiastici esistessero diverse correnti di pensiero circa le sorti della chiesa, lo si comprende dalle parole di uno scritto di Don Lorenzo Di Paolo dell'agosto 1936 indirizzato in Curia: «ho provato il più grande dispiacere nel sentirmi dire da autorevoli persone che Mons. Giovanni Muzj è contrario a S. Matteo». Lo stesso Muzj, per le polemiche scaturite in seguito alla demolizione, nel marzo 1942 rassegnò le dimissioni da Vicario Generale; queste dimissioni rimasero congelate

Infine l'arbitrarietà e l'illegalità della demolizione fu ampiamente comprovata sia dalla deplorazione giunta dal Ministero dell'Educazione Nazionale, sia dal provvedimento che fu preso a carico del Comune, al quale fu sanzionato il pagamento di un indennizzo di lire 10.000[33].

per diversi mesi, quindi nell'agosto lo stesso Don Lorenzo gli subentrò in tale carica.

33 La sanzione fu mal digerita dal Comune, come si intuisce dal contenuto di una comunicazione giunta dalla Soprintendenza ai monumenti e galleria di L'Aquila e rivolta al Podestà: «Non intendiamo certo nè disconoscere nè attenuare le benemerenze del Comune di Teramo in tutto quanto riguarda anche il Culto e la conservazione del pubblico Patrimonio artistico: con tutto ciò, dato che nella questione di S. Matteo il Sup. Ministero ha già deciso una sanzione a cui cotesto Comune deve sottostare per non essersi mostrato ossequiante a precise disposizioni di legge, spero che concorderemo nel modo migliore affinché la somma di L. 10.000 che dovete mettere a disposizione per il restauro di qualche monumento cittadino sia impiegata nel modo migliore».

DOCUMENTI

Teramo, 12 agosto 1936

Rev.mo e caro Monsignore,

con la più viva fiducia vengo a manifestarle il dolore profondo che oggi ho sofferto e tuttora soffro per ciò che mi è occorso... La sua immensa bontà saprà comprendermi... E' vero, sono pieno di difetti, ma la mia coscienza mi assicura che io - nei venticinque anni del mio tribolato sacerdozio, non ho mancato mai di sincerità verso i miei superiori, ho cercato di obbedire sempre e di lavorare anche al di sopra delle mie forze... non ho parlato mai male di nessuno e quindi ho provato il più grande dispiacere nel sentirmi dire da autorevoli persone che Mons. Giovanni Muzii è contrario a S. Matteo.

Io ho risposto che chi ha sparso questa voce è incorso in qualche equivoco o è stato male informato, perché a me, Mons. Muzii disse così: "Veramente una volta ho pensato di mettere il ricordo dei Caduti a S. Domenico, ma il progetto non fu attuato: se adesso si vuol mettere a S. Matteo a me non importa niente".

Poi ho aggiunto che la chiesa di S. Matteo per desiderio del quartiere di S. Giorgio, anzi di tutta la città viene restaurato per due motivi: perché come succursale della Cattedrale possa diventare il centro del ministero parrocchiale di S. Giorgio, e perché possa ricordare alle future generazioni la pace vittoriosa e la costituzione dell'impero come

tempio votivo della Vittoria
e dei soldati morti in guerra.

Ho fatto male, caro Monsignore, a dire così?... Da quando fui nominato parroco di S. Giorgio il Vescovo mi raccomandò di far funzionare S. Matteo, e io per eseguire l'ordine dei superiori non ho badato a sacrifici. La chiesa non ha nessuna rendita per pagare il sagrestano, e io obbligo le mie sorelle insieme con i ragazzi a tenere in ordine la chiesa. Non essendoci l'elemosina per la celebrazione della messa festiva, ho procurato la rendita di 32 messe, ma alle altre mancanti devo provvedere io, come devo provvedere l'applicazione della Messa festiva per la chiesa a la Cona.

Ma come può essere contrario a S. Matteo Mons. G. Muzii Vicario Generale?...

Non ho mosso un passo e, da tre anni ne ho dati tanti per difendere la chiesa e non i miei interessi privati; non ho detto una parola senza che prima ne facessi consapevole S.E. Mons. Vescovo e Mons. Vicario, non ho badato a spese e fino a oggi ho speso 621 lire.

L'ing. Mazzoncini, preparando il preventivo della spesa di restauro, fece il progetto di dedicare il nuovo altare di marmo ai Caduti e porre le lapidi con i nomi alle pareti, e ne parlò con S.E. il Prefetto, ma non gli riuscì di parlarne direttamente con S.E. Mons. Vescovo. A lei, Monsignore, parlai io del progetto, tre anni fa, quando chiesi il permesso di invitare il Dr. Marchetti e il Cav. De Sanctis (Presidenti delle famiglie Caduti e dei Mutilati) a far parte del Comitato e dissi che quando sarebbe stato pronto il Comitato si sarebbe recato da S.E. Mons. Vescovo. Il Congresso Eucaristico fece sospendere questa iniziativa, che fu ripresa anche dall'on. Savini con il quale mi recai (nel novembre 1935) dal Podestà per trovare il modo di finanziare i restauri.

Ultimamente il Podestà riferiva all'ing. Pierannunzi (che fa parte del Comitato) e a me i risultati dei colloqui avuti con S.E. Mons. Vescovo con S.E. il Prefetto e con il Segretario Federale, assicurandoci che tutti erano e sono favorevoli al progetto di restaurare decorosamente S. Matteo con il campanile per dedicarli alla memoria dei Caduti e a ricordo della Vittoria. Il tempio storico ed artistico situato di fronte al palazzo del Governo, sul Corso, tra le due piazze maggiori della città, si presta bene allo scopo. Quindi il Podestà, rivolgendosi direttamente a me e sorridendo aggiungeva: - Ora stai tranquillo, don Lorenzo, che otterremo tutti i locali, che saranno necessari, anche per l'abitazione. Infine firmò l'ordine di eseguire, intanto, i restauri del tetto.

Il restauro pertanto dell'artistica chiesa di S. Matteo, del campanile e la costruzione del nuovo altare in marmo non solo costituirà una solenne commemorazione del sacrificio che i figli di Teramo - nella gioia di fare più grande e cristiana la patria - hanno offerto con serenità, ma sarà ancora una novella testimonianza - nella sua storia secolare - della fede cattolica di tutto un popolo.

Noi quindi, caro Monsignore, preghiamo V.S.R. di non farci mancare mai la sua valida protezione e di volerci accordare la sua autorevole e sapiente collaborazione per ridonare a Teramo una bella chiesa.

Monsignore, quest'anno segna il venticinquesimo del mio sacerdozio (2 aprile 1911). Ella solo conosce la mia vita tribolata dal giorno in cui tornai da Roma, conosce la mia vita affaticata trascorsa a Guardia Vomano e poi a Teramo: ella sa che anche la mia povera famiglia mi aiuta con tutte le forze nel lavoro parrocchiale, perciò sono certo di avere sempre, come l'ho avuta per il passato, la sua preziosa benevolenza. E Iddio la rimeriti.

Con i sensi della più viva gratitudine le bacio la mano e mi professo

Della S.V. Rev.ma
Devotissimo
Sac. Lorenzo Di Paolo

[Fonte: *Archivio Diocesano di Teramo*]

* * *

Comitato per i restauri della
  Chiesa di S. Matteo in
    T e r a m o

Teramo, 25 settembre 1937 - XV°

A Sua Eccellenza il Prefetto
Comm: Francesco Bianchi
T E R A M O

Eccellenza,

Sicuri di trovare in V.E. un animo ben grande, quale si addice ad un supremo Gerarca - espressione della volontà costruttiva e ascensionale di tutto un popolo nel lavoro e nell'ordine - crediamo di poter confidare nella bontà di un'opera, che riguarda gl'interessi spirituali di migliaia di cittadini.

Il quartiere di S. Giorgio in Teramo, (nel cui centro sono la chiesa di S. Matteo e il Palazzo del Governo) ricco di quattromila anime - si estende per parecchi chilometri anche fuori la città; ma, con grave danno del ministero sacro, non ha chiesa parrocchiale propria, né locali per l'insegnamento della dottrina cristiana a 400 fanciulli, né locali per l'ufficio parrocchiale. Quando si dice, Eccellenza, una parrocchia senza chiesa propria è come dire di un corpo senza cuore: difetta cioè quel rapporto costante e normale tra il centro e la periferia, che forma il clima benefico per la formazione delle coscienze cristiane.

E' stato così, Eccellenza, che si è costituito un Comitato - presieduto dal Parroco - per sistemare il centro parrocchiale di S. Giorgio nella chiesa di S. Matteo al Corso.

Questo antico e artistico tempio, fin dal 1385, è stato sempre aperto al culto pubblico. Prima del 70 era officiato dai religiosi Padri Barnabiti, che dirigevano il Real Collegio. Poi, dopo l'annessione dell'Abruzzo al Regno d'Italia, fu affidato al Parroco di S. Giorgio.

50

Non poté allora ivi stabilirsi il centro parrocchiale, perché mancavano i locali necessari, giacché quelli adiacenti alla chiesa (compresa la sagrestia) furono tutti occupati dal R. Convitto Nazionale, ora trasferito nella nuova sede.

L'anno scorso S.E. il Prefetto Varano e il Preside della Provincia, interessandosi benevolmente della sistemazione del tempio di S. Matteo, stabilirono che il campanile e l'antica sagrestia fossero ripristinate e ridonate alla chiesa.

La notizia allietò tutta la cittadinanza, ma in modo particolare i parrocchiani di S. Giorgio, i quali, con i voti più fervidi e con le offerte (sono state già raccolte nella città £ 20.500), affrettano la piena e definitiva sistemazione della storica chiesa, che, restaurata e dotata pure dei locali per la sede parrocchiale, con il culto delle sacre memorie del passato - manterrà nei secoli la tradizione del più puro sentimento religioso e patriottico.

Invero quando i proponimenti del Comitato saranno realtà vi sarà per tutti motivo di grande gioia. Il tempio riportato nell'antico splendore e tenuto regolarmente aperto al pubblico culto, non soltanto risponderà alle esigenze del ministero sacerdotale, all'utilità dei fedeli e al decoro della città, ma con il suono squillante dei sacri bronzi del ripristinato campanile potrà essere ancora per le future generazioni un ricordo della vittoria e della costituzione dell'Impero italiano.

Non sarebbe forse una magnifica idea, armonizzata per giunta dal pensiero dei nostri Padri, che edificarono l'uno di fronte all'altro il Tempio di Dio e il Palazzo del Governo, simboli della Religione e della Patria?

Nel Fascio Littorio i due simboli si abbracciano come due forze antiche, per rendere perenne l'anelito alla gloria dei cittadini migliori e consacrare nei loro cuori per sempre l'amore di Dio e della Patria.

Ma non basta, Eccellenza; il Centro Parrocchiale da costituirsi nella chiesa di S. Matteo, non potrebbe essere vitale e fecondo con la sola sistemazione della sagrestia e del campanile. La chiesa ha urgente bisogno di alcuni locali per l'ufficio parrocchiale e per la rettoria della stessa chiesa.

Il comandamento del Regime fascista è di perfezionarsi e di perfezionare. I vecchi e il vecchiume - fisico e morale - sono destinati a scomparire - residui anacronistici - nel vortice di un'attività sorprendente.

Le chiese, specialmente quelle, che sono centri parrocchiali, debbono esprimere nello splendore dell'ora presente, l'epopea dei trionfi dello spirito e le glorie dei valori morali, fattori decisivi di ogni sano e ordinato movimento rivoluzionario.

Eccellenza, noi non torniamo ad addurre gli articoli della legge concordataria del 29 maggio 1929, quale fondamento giuridico della concessione dei locali per la rettoria della chiesa e dell'ufficio parrocchiale.

Non vogliamo ricordare il fatto storico della direzione della chiesa, affidata ai Padri Barnabiti, che pur esulterebbero nel vedere sistemato definitivamente il luogo sacro alla fede e alla scienza, magnificato dalla loro dottrina e santificata dal loro ministero.

Eccellenza, noi ci appelliamo al desiderio unanime di una massa di cittadini, che vogliono vedere risolta la sistemazione della loro parrocchia.

Ci appelliamo alla gravità dei doveri parrocchiali, che impongono al sacerdote di accorrere sollecitamente al capezzale dei moribondi, i quali purtroppo non di rado restano privi degli ultimi conforti religiosi per la lontananza dell'ufficio parrocchiale della chiesa.

Ci appelliamo a quella giusta esigenza del popolo, per cui il sacerdote parroco si desidera e si cerca nella chiesa o presso la chiesa, sua vera dimora, come (passi il paragone) ogni impiegato, per le incombenze, che lo riguardano, si va a cercare nel suo ufficio.

Ci appelliamo infine ai nobili e cristiani sentimenti dell'E.V., che l'aiuteranno validamente ad armonizzare gl'interessi civili e spirituali della nostra diletta città.

E qui vorremmo ripetere le belle parole del Duce nel suo discorso a Bologna sulle interferenze dello spirito e della materia. Il Duce affermava e auspicava le vittorie dello spirito.

La Chiesa, nel suo significato totalitario, è il simbolo vivo dello spirito e delle sue perenni vittorie.

Eccellenza, quello che la parrocchia di S. Giorgio domanda non è molto e lo domanda in nome dello spirito. Quei pochi metri quadrati di spazio, costituenti i locali situati sopra la sagrestia, addossati all'abside della chiesa e compresi tra la torre campanaria e il piccolo cortile ad oriente, saranno da V.E. messi a disposizione del ministero sacro costituito da Gesù Cristo, Dio redentore, per l'assistenza religiosa e morale del popolo, che sta pure a cuore del Regime fascista.

Con questo gesto di munificenza cristiana e fascista, V.E. scriverà una pagina d'oro negli annali del suo governo. Il suo nome, Eccellenza, consacrato nel marmo alla memoria dei posteri, sarà ripetuto in benedizione da tutta la parrocchia di S. Giorgio, ai piedi di quell'altare al quale, la sua mano e il suo cuore avranno riposto accanto il sacerdote.

La preghiamo Eccellenza di gradire l'omaggio della nostra più viva riconoscenza e dei nostri più cordiali ossequi.

(firmato Sac. Lorenzo Di Paolo)

Per il Comitato
Sac. Lorenzo Di Paolo - Parroco
Rettore della Chiesa di S. Matteo
Corso Trivio, 31
T E R A M O

[Fonte: *Archivio di Stato di Teramo*]

* * *

[Documento in copia conforme all'originale]

Il ventotto dicembre 1938-XVII°, sotto la presidenza di S.E. Monsignor Vescovo, si è adunato il Rev.mo Capitolo.

Sono presenti Monsignor Arcidiacono, i RR. Canonici, mgr. JOBBI, MUZI, MARCOZZI, DI PIETRO, MORRICONE, ARCIERI, DE FELICIS; sono assenti i RR. Canonici BIONDI e DE LUCA. Dopo la consueta preghiera, S.E. Mgr. VESCOVO fa presente al Rev.mo Capitolo che l'Eccellenza il Prefetto della Provincia gli ha fatto conoscere che, in seguito alla decretata sistemazione della zona antistante al Palazzo del Governo, è stata decisa dall'Amministrazione Provinciale la demolizione dell'antico palazzo del Collegio-Convitto, nel cui fabbricato è racchiusa la Chiesa di S. Matteo. Non potendosi, però, per ragioni statiche ed estetiche, e sopratutto per gli stessi fini a cui si ispira il progetto di demolizione, conservare la Chiesa in parola, l'Eccellenza il Prefetto propone la demolizione della Chiesa di San Matteo, con l'impegno formale di ricostruirla in piazza Garibaldi, dando tutte le garanzie che si credessero del caso, e chiede quindi il benestare dell'autorità ecclesiastica.

S.E. il Vescovo pertanto chiede il parere del Reverendissimo Capitolo.

I Reverendissimi Capitolari, considerato che, data la demolizione del fabbricato circostante, non è possibile per i motivi sopra esposti conservare la Chiesa; che in cambio viene ricostruita nell'importante e popoloso quartiere "CASTELLO" con grande vantaggio di quella popolazione; tenuto presente che a soddisfare ai bisogni spirituali degli abitanti che si trovano nella zona adiacente alla Chiesa da demolire, esiste l'ampia e comoda Chiesa di S. AGOSTINO;

A L L ' U N A N I M I T A '

danno parere favorevole nella certezza che il Vescovo si munirà di tutte le garanzie per la ricostruzione della Chiesa in piazza Garibaldi, quindi la seduta si toglie.

[Fonte: *Archivio di Stato di Teramo*]

* * *

li 3 - 1 - XVII

Al Reverendo
Don Lorenzo Di Paolo - Parroco
Teramo

Restauri al tetto ed alla volta della Chiesa di S. Matteo

Con riferimento alla istanza avanzata, nello scorso mese di agosto, dal Comitato per i restauri alla Chiesa di S. Matteo, ho il piacere di comunicarvi che la deliberazione adottata da questa amministrazione per assumere a proprio carico la spesa di £ 5300, relativa ai lavori di restauro del tetto e della volta di detta chiesa, è stata approvata dalla R. Prefettura.
Vi avverto, al riguardo, che, giusta quanto stabilito con detta deliberazione, spetta a Voi la cura della esecuzione del progetto, e l'anticipazione della spesa occorrente, e che al rimborso di essa, nella indicata misura di £ 5300, si provvederà in due rate eguali, e precisamente la prima entro il 1939 e la seconda entro il 1940, sulla esibizione del certificato di regolare esecuzione dei lavori rilasciato dal Civico Ufficio Tecnico.

Il Podestà
(firmato)

[Fonte: *Archivio del Comune di Teramo*]

* * *

7 febbraio 1939-XVII

Eccellenza Reverendissima,

con riferimento a quanto vi ho verbalmente esposto, vi prego corredarmi la formale autorizzazione ad abbattere la Chiesa di S. Matteo, allo scopo di consentire la risoluzione di importanti problemi cittadini.

Vi informo, nel modo più assoluto, che il Comune provvederà alla costruzione di altra Chiesa, della stessa superficie di quella da demolirsi, in prossimità della Piazza Garibaldi, e ciò entro un anno dalla avvenuta demolizione.

Con i più vivi ringraziamenti, gradite, Eccellenza, i miei rispettosi auguri.

Il Podestà
(firmato)

[Fonte: *Archivio del Comune di Teramo*]

* * *

COMUNE DI TERAMO

Delib. N. 153/4

ESTRATTO dal verbale delle determinazioni podestarili adottate in data 21-3-1939-XVII- dal Podestà, dott. Ing. Sigismondo Montani,
con l'assistenza del Segretario Sostituto Rag. Gennaro Di Sabatino.

OGGETTO
Demolizione e ricostruzione della Chiesa di S. Matteo.

Premesso che l'I.N.F.I.L., aderendo alle sollecitazioni delle Autorità locali e provinciali, ha stabilito di costruire in Teramo (e precisamente sull'area risultante dalla demolizione di una parte del fabbricato già sede del Liceo-Convitto, in Corso S. Giorgio) la propria sede, ma chiede, fra l'altro, che sia demolita l'attuale Chiesa di S. Matteo, per poter avere i quattro lati liberi;

Ritenuto opportuno, per dare una degna sistemazione edilizia al Corso S. Giorgio di fronte al Palazzo del Governo, assumere l'onere derivante dalla ricostruzione della suddetta Chiesa, in altra località;

Attesoché S.E. il Vescovo concede il benestare per l'abbattimento della Chiesa sotto determinate condizioni, che sono state concordate;

Sentita la Ragioneria Civica;

Sentito l'Ufficio tecnico;

D E L I B E R A

1°- demolire, per lo scopo sopra cennato, la Chiesa di S. Matteo in Teramo;

2°- iniziare, entro un anno dall'avvenuto abbattimento, la costruzione di altra Chiesa, di eguale superficie, in Piazza Garibaldi, possibilmente sull'area comunale delimitata dal Viale Bovio, dalla Piazza, dalla strada per Torricella e da quella dinanzi il villino Triozzi;

3°- il progetto, che non dovrà superare la spesa di lire 200.000, oltre l'area, sarà sottoposto, a suo tempo, anche alla preventiva approvazione dell'autorità ecclesiastica;

4°- riservare ogni provvedimento per quanto riguarda la provvista dei mezzi finanziari.

OMISSIS

Pubblicato all'albo pretorio senza opposizioni il giorno di mercato 22-3-1939-XVII- Il Segretario Sostituto: Fir/to G. Di Sabatino.-

Per estratto conforme ad uso di ufficio

Il Segretario Sostituto
(firmato)

Visto
IL PODESTA'
(firmato)

[Fonte: *Archivio di Stato di Teramo*]

* * *

Roma, 16 luglio 1940 - XVIII

Rev.mo Canonico,

molti sono allarmati e mi scrivono da costà circa la Chiesa di San Matteo che temono veder demolita. So che dovranno farsi dei lavori in San Matteo, ma dato che le circostanze e le leggi presenti possono rimandare anche lavori già progettati, ho scritto in proposito tanto al Podestà quanto a Monsignor Vicario perché soprassiedano sino al mio ritorno a qualunque decisione, e intanto, dato che i lavori si rimandano, la chiesa venga riaperta non essendoci più nessuna ragione per tenerla chiusa.

La prego di fare uso della sua ben nota prudenza perché la cosa possa concludersi con naturalezza e di mettersi d'accordo con Mons. Vicario che potrà aiutarla in proposito.

Saluti ed ogni benedizione.

+ Antonio Micozzi
Vescovo di Teramo

Al Molto Rev.mo
Can. Don Lorenzo Di Paolo
Rettore di S. Matteo

[Fonte: *Archivio privato Adamoli*]

* * *

ECCELLENZA,

Innanzitutto sento il bisogno di compiacermi del segno di tanta migliorata salute, che mi è gradito rilevare dalla Vostra lettera 16 luglio corr., riflettente la Chiesa di S. Matteo.

In omaggio a questa Vostra salute, che è cara a me personalmente e come Podestà in nome dei teramani tutti, non mi sembra proprio il caso di intrattenermi per il momento, sul contenuto dell'esposto a Voi diretto dal curato don Lorenzo Di Paolo; senza poter peraltro omettere che esso è quanto meno tendenzioso e poco riguardoso per la Vostra persona a cui, dato le condizioni nelle quali vi trovate, doveva esservi risparmiato il fastidio procuratovi.

La Chiesa di S. Matteo è stata chiusa per ragioni urgenti di estremo interesse pubblico, cioè per la pubblica incolumità dei cittadini di Teramo, a Voi tanto attaccati e che Voi avete nel Vostro cuore come me.

Di tutt'altro parleremo, con la solita cordiale reciproca comprensione, al Vostro ritorno tra noi che vi attendiamo con amore di fedeli e con profonda stima di cittadini, ed io di primo cittadino, della cui veste mi onoro.

Pertanto pensate a completare la cura della Vostra salute, perché presto possiate riprendere la direzione piena, sempre ardente e tanto simpatica, della Diocesi. Il che sovra ogni altro importa a noi come a Voi, e più che Voi stesso, forse.

In questa attesa, vi rivolgo ancora una volta affettuosi auguri di guarigione perfetta, e con un cordialissimo arrivederci presto.

Gradite intanto Eccellenza, i miei personali vivissimi ossequi.

IL PODESTA'
(Magg. U. Adamoli)
(firmato)

[Fonte: *Archivio del Comune di Teramo*]

* * *

CHIESA DI S. MATTEO
T E R A M O

Ill/mo Sig. PODESTA' del Comune di
T E R A M O

Il sottoscritto Curato della parrocchia di S. Giorgio e Rettore della Chiesa di S. Matteo fa noto a V.E. quanto segue:

In data 30 aprile 1940 gli fu comunicata l'ordinanza di chiusura provvisoria al pubblico culto della chiesa di S. Matteo per motivi di precauzione, essendo in corso i lavori di demolizione del fabbricato attiguo.

Ultimati i lavori di demolizione e i lavori necessari per la stabilità del sacro edificio non fu revocata l'ordinanza di chiusura, perché subentrò il progetto di demolizione della chiesa.

Ma il giorno 11 luglio 1940 nel N. 161 della Gazzetta Ufficiale del Regno è stata pubblicata la legge del 21 giugno 1940 N: 769, che vieta alle Provincie, ai Comuni e agli altri in genere di iniziare qualsiasi lavoro.

Non essendovi quindi alcun motivo che possa giustificare la chiusura della chiesa di S. Matteo; anzi constatando che il funzionamento regolare di essa oltre che essere richiesto dal popoloso quartiere gioverà pure alla conveniente conservazione degli arredi e quadri sacri il sottoscritto prega vivamente V.S. Ill/ma di voler ordinare la riapertura della chiesa di S. Matteo al culto pubblico.

I fedeli poi in questi giorni con rinnovata e più viva insistenza richiedono la riapertura della chiesa, perché si avvicina la festività di S. Anna, la cui sacra Effige è, da secoli, venerata dal popolo.

Tutti confidano pertanto che Voi, signor Podestà, vorrete benevolmente accogliere questa umile, ma giusta domanda.

Con i sentimenti della più viva riconoscenza porgono a V.S. vivissime grazie.

Teramo, 18 luglio 1940 XVIII°

Sac. LORENZO DI PAOLO
Rettore della Chiesa di S. Matteo
e Curato della parrocchia di S. Giorgio

[Fonte: *Archivio del Comune di Teramo*]

* * *

MUNICIPIO DI TERAMO
COPIA DI DELIBERAZIONE PODESTARILE

N. 723/1 del Reg.
Oggetto: Demolizione Chiesa di S. Matteo

L'anno millenovecentoquaranta (XVIII E.F.) addì 25 del mese di ottobre nel Comune di Teramo e nell'Ufficio di Segreteria.

Il Podestà Signor Cav. Magg. Umberto Adamoli, per l'ordinaria amministrazione del Comune assistito dal sottoscritto Segretario Signor Cav. Uff. Dott. Pasquale Balducci ha adottato la deliberazione in oggetto del tenore come a pagina seguente.

D E L I B E R A

1°) di procedere alla immediata demolizione della Chiesa di S. Matteo, in base al preventivo redatto dal Civico Ufficio Tecnico, affidando la esecuzione dei lavori a trattativa privata per l'importo di L. 13.500, alla ditta Melasecchi Beniamino, secondo l'offerta dal medesimo presentata;

2°) di fronteggiare la spesa, con il contributo dell'Amministrazione Prov/le di Lire 10.000, e per le rimanenti L. 3.500, col fondo delle impreviste che presenta sufficiente disponibilità;

3°) di iscrivere in entrata, all'art. 34 "Sussidi per opere pubbliche" il contributo della Provincia di L. 10.000.=

[Fonte: *Archivio del Comune di Teramo*]

* * *

C I T T A' D I T E R A M O

URGENTISSIMA
RACCOMANDATA A MANO   Teramo, 13 gennaio 1941 -
XIX

ALL'ECCELLENZA
IL VESCOVO PRINCIPE DI
TERAMO

Eccellenza Reverendissima,

sino ad oggi nessuna risposta è stata data alla lettera con la quale ebbi a comunicarvi l'intendimento preciso, concretato in apposita deliberazione, di demolire la Chiesa di S. Matteo per urgenti motivi di pubblica incolumità.

Nella stessa deliberazione, trasmessa pure all'Eccellenza Vostra per conoscenza il 7 novembre scorso, erano esposte, in modo chiaro ed esauriente, le ragioni che determinavano il provvedimento. Ed ormai, poiché le condizioni statiche della Chiesa di S. Matteo, come è facile comprendere, per effetto delle intemperie della stagione invernale, si vanno aggravando ogni giorno di più, qualunque ritardo potrebbe condurre, con la possibile rovina dell'edificio, a deprecabili eventi, di cui questo Comune, come proprietario dell'immobile e tutore della pubblica incolumità, dovrebbe rispondere.

Di conseguenza ed in esecuzione della citata deliberazione, da tempo regolarmente pubblicata ed approvata, i lavori di demolizione della Chiesa saranno, senz'altro, iniziati il giorno di giovedì, 16 corrente, per essere rapidamente condotti a termine.

Di ciò mi affretto a prevenirvi, Eccellenza Reverendissima, per doverosa conoscenza e perché possiate, come sarebbe nel mio desiderio, provvedere Voi stesso per lo sgombro della Chiesa da ogni arredo ad essa pertinente: qualora ciò non avvenga in tempo utile, questa Amministrazione si riterrà autorizzata a provvedervi direttamente nel modo migliore possibile.

Con i sensi del più profondo rispetto, mi professo, Eccellenza Reverendissima, Vostro devotissimo.

(Magg. Umberto Adamoli)
F/to: Adamoli

[Fonte: *Archivio del Comune di Teramo*]

* * *

+ Teramo, 20 gennaio 1941-XIX

Eccellenza,

Il Podestà di Teramo à deciso e incominciato, nonostante la mia contraria ed espressa volontà ed il parere sfavorevole della S. Sede, la demolizione di una chiesa di Teramo, dedicata a S. Matteo, col pretesto che questa è pericolante, mentre in realtà è in ottime condizioni statiche.

Tale fatto ha urtato profondamente me ed il sentimento religioso del popolo, il quale suppone che il provvedimento sia piuttosto determinato da altre ragioni e non dalla stabilità dell'edificio.

Io inizierò il processo giudiziario e chiamerò in settimana un ingegnere dalla S. Sede per verificare le condizioni statiche della chiesa in parola onde sgravare la mia responsabilità davanti alla diocesi ed ai miei Superiori.

Prego Voi, Duce, che siete stato tanto benevolo a mio riguardo da concedermi validi e generosi sussidi per la restaurazione di altra chiesa, la Cattedrale di Teramo, ad intervenire ed impedire tale danno, che turberebbe profondamente il sentimento religioso di un popolo.

Il mio animo di Vescovo e fascista ve ne sarà per sempre grato. Con profonda osservanza.

[Fonte: *Archivio di Stato di Teramo*]

* * *

Parrocchia di S. Giorgio
    in Teramo
         24 gennaio 1941 XIX

         Alla R. Soprintendenza ai Monumenti
         L'Aquila

A scanso di ogni mia responsabilità compio il dovere di farvi noto che, a mia insaputa e senza il mio consenso, in questi giorni viene demolita, la
Chiesa di S. Matteo in Teramo
la cui origine risale al 1385; fu abbellita e decorata, anche con affreschi del pittore G.B. Gamba abruzzese, nel 1713 secondo lo stile del tempo, e fu consacrata solennemente nel 1735 dal Vescovo Mons. Tommaso Alessio De' Rossi.

Inoltre compio il dovere di farvi noto che io non posso essere responsabile della custodia degli oggetti d'arte a me come parroco dati in consegna e descritti nelle schede consegnatemi per tramite del Comune e da me firmate il 10 ag. 1931, il 16 maggio 1934 e il 16 luglio 1934.

[Fonte: *Archivio privato Adamoli*]

* * *

SOPRINTENDENZA AI MONUMENTI E GALLERIE
L'AQUILA

lì 28 gen 1941 XIX

Al Signor Podestà di
TERAMO

Oggetto: Teramo - Chiesa di S. Matteo.

Non potendo assolutamente accogliere la tesi che mi risulterebbe voglia accampare cotesto Comune per giustificare l'improvviso ed inopportuno abbattimento della Chiesa di S. Matteo, notoriamente iscritta negli elenchi degli Edifici di interesse artistico di cotesta città, faccio presente che dell'accaduto ho creduto mio dovere fare rapporto al Suo Ministero per i provvedimenti del caso.

D'altra parte, per documentare come cotesto Comune non può in alcun modo prospettare una tesi di ignoranza dell'interesse artistico e monumentale di tale fabbricato, mi basta riferirmi alla dotta pubblicazione che il chiaro Prof. Salvatore Rubini ha dato alla luce ed illustrato con molti dati storici proprio nel "Bollettino mensile del Comune di Teramo" n. 9-10 del settembre-ottobre 1934-XII.

Sono spiacente dichiarare quanto sopra, anche per il fatto che fino ad ora è sempre esistito il massimo accordo tra cotesto Comune e questa Soprintendenza anche in tutte le questioni di interesse artistico locale.

IL SOPRINTENDENTE
(firmato)

[Fonte: *Archivio del Comune di Teramo*]

MINISTERO DELL'EDUCAZIONE NAZIONALE
Direzione Generale delle Arti

Roma, 4 mar. 1941 Anno XIX

Prot. N. 470 Posiz. 6 Teramo

All'Eccellenza il Prefetto di
T E R A M O

Oggetto: Teramo - Chiesa di S. Matteo.

Questo Ministero viene a conoscenza che il Comune di Teramo, senza la preventiva autorizzazione prescritta dall'art. 11 della legge 1 giugno 1939 XVII, n° 1089, ha demolito la Chiesa di S. Matteo, che era sottoposta al vincolo d'importante interesse, ai sensi dell'art. 2 della legge stessa.

Si trattava infatti d'una caratteristica costruzione originaria del 1385, adattata con nuove forme nella prima metà del secolo XVIII e contenente anche decorazioni notevoli ad affresco, nonché cimeli d'arte di qualche interesse.

Questo Ministero, mentre deplora vivamente lo stato di fatto, Vi prega di rivolgere un richiamo al Comune di Teramo, facendo presente che, non essendo ormai possibile la riduzione in pristino dell'edificio, l'Amministrazione comunale è tenuta a corrispondere una somma a titolo d'indennizzo, a mente dell'art. 59 della citata legge.

Trattandosi però di un'amministrazione pubblica, in via di sanatoria, l'indennizzo stesso potrà essere erogato sotto forma di contributo in favore del restauro di uno dei monumenti locali, che sarà designato dal Soprintendente.
Si attendono assicurazioni.

IL SOTTOSEGRETARIO DI STATO
(firmato Bodrero)

[Fonte: *Archivio di Stato di Teramo*]

* * *

[*Telegramma inviato tra febbraio e settembre 1941*]

Duce
partecipazione concessione mezzomilione ricostruenda chiesa S. Matteo Teramo riempie gioia onore Vescovo fedeli riconoscenti auspicanti prosperità fortuna Vostra Eccellenza Patria diletta.

Micozzi Vescovo

[Fonte: *Archivio privato Adamoli*]

ASPETTI TECNICI
I PROBLEMI DEL TETTO E DELLA STATICA

In questa sezione vengono illustrate le problematiche di natura tecnica che in larga misura sembrano avere determinato la demolizione della chiesa di San Matteo: vengono descritti ampiamente sia i contenuti della discussione che si accese sulle condizioni della struttura dell'edificio, sia gli interventi sul tetto che furono eseguiti negli anni, senza peraltro mai conseguire quel risanamento definitivo che tanti si auspicavano per la chiesa teramana.

Come accennato, nel 1745, quando l'edificio era adibito a monastero, a causa della carente manutenzione si verificò un grave crollo dei tetti della sagrestia, del coro e di una muraglia, dalle tragiche conseguenze. Riguardo la storia recente della chiesa, i primi interventi per i quali si dispone di una documentazione sono quelli eseguiti nel 1889, quando nel corso di urgenti riparazioni al cornicione della chiesa[1] vennero sistemate alcune tegole del tetto.

Nel febbraio 1892 si registra la rottura di «due travi ed alcuni arcarecci dell'armatura del tetto che copre la prima cappella a sinistra, e l'acqua di pioggia penetra direttamente sulla volta sottostante

---

1 In data 28 gennaio 1889 l'ispettore municipale del Comune di Teramo Vincenzo Tripoti scrive al Preside del Liceo che «l'intonaco del lato sinistro del cornicione della Chiesa S. Matteo è caduto in parte, fortunatamente senza colpire alcuno, ed il resto, lesionato in diversi punti, costituisce un pericolo permanente per la vita di coloro che si trovassero a passare presso detta chiesa»; lo sollecita quindi a «far riattare con la massima sollecitudine il cornicione in parola». Alla data dell'8 febbraio i lavori risultano compiuti dalla ditta Domenico Cappelli per un importo di Lire 32.75, che vengono saldati dalla Deputazione Provinciale. Nella nota spesa vengono descritti i lavori svolti: «Smontato il cornicione che stava cadendo per mezzo d'una scala lunga, ristaurato tutto l'intonaco, fattoci la copertura di tegole messoli con calce, prima detta copertura non c'era, l'acqua che riposava sopra al cornicione aveva fildrato quasi alla metà del muro e confracidato l'intonaco. Per tegole 300 che ha servito per la copertura del cornicione e qualcuno rimpiazzateli nel tetto dove si è stato passato - Per le dette 300 tegole £ 13,50 - Per calce arena e Gesso £ 2,50 Trasporto della roba caduta £ 1.50 Manodopera da Muratori e manovale £ 16.25» (Archivio di Stato di Teramo - in seguito A.S.Te - Amministrazione Provinciale, b. 327, f. 1).

con grave danno della medesima»[2]; questo è il materiale impiegato nei lavori di riparazione eseguiti d'urgenza dalla ditta Domenico Cappelli per una spesa di lire 54,85: 110 tegole; 100 mattonelle da tetto; canale di latta verniciato per m. 3,33; 6 mezzi murali; 2 travi di legno abete di 4,50x0,12x0,13; 125 mattoni[3].

Nell'agosto 1894 il Rettore del Convitto richiede alla Deputazione Provinciale l'esecuzione di diversi lavori di manutenzione del fabbricato e «massimamente il restauro del tetto della chiesa che è ridotto in cattivo stato in causa della sua vetustà»[4]. L'intervento compiuti dalla ditta Domenico Cappelli per una spesa di lire 113,81 previde i seguenti lavori: scomposizione e ricomposizione della parte di tetto rotto (mq. 22,50) col rimpiazzo di n. 50 pianelle e di n. 72 tegole, di un arcareccio m. 3,80 di lunghezza, e di n. 3 correnti ed un pezzo di murale sopra i puntoni di un cavallo; scomposizione e ricomposizione della copertura del tetto nella parte della grondaia per la rimozione e la ricollocazione dei canali e relative cicogne da cambiare e restaurare; canali di latta stagnata per gronda compresa la coloritura ad olio per m. 30,30; canale vecchio restaurato m. 9,70; 14 cicogne nuove compresa la verniciatura; 18 cicogne vecchie allungate e verniciate; restauro al comignolo vicino l'orologio[5].

Nell'aprile 1913 il Rettore del Convitto fa sapere al Presidente della Deputazione Provinciale che «il tetto della cappella, a sinistra dell'altare Maggiore della Chiesa di S. Matteo ha necessità di essere riparato per impedire che la pioggia abbia a fare cadere la volta della stessa cappella»; a causa della vertenza legale in atto sulla chiesa sin dal 1901 la Provincia nega però la manutenzione che

---

2 Lettera del 24 febbraio 1892 dell'ufficio tecnico provinciale indirizzata al Presidente della Deputazione Provinciale avente per oggetto "Convitto Nazionale. Riparazioni al tetto..." (A.S.Te, Amministrazione Provinciale, b. 316, f. 2).

3 "Nota dei lavori di riparazione fatte al tetto..." dell'8 aprile 1892 a firma di Domenico Cappella (A.S.Te, Amministrazione Provinciale, b. 316, f. 2).

4 Lettera del 12 ottobre 1894 a firma dell'ingegnere capo dell'ufficio tecnico provinciale indirizzata al Presidente della Deputazione Provinciale avente per oggetto "Lavori di restauro" (A.S.Te, Amministrazione Provinciale, b. 316, f. 1).

5 Elaborato denominato "Misura finale dei lavori di restauro..." redatto dall'ingegnere capo provinciale nel novembre 1895 (A.S.Te, Amministrazione Provinciale, b. 316, f. 1).

invece effettua regolarmente sul resto del fabbricato (vedi anche la precedente nota 14).

Nel 1921 si interviene molto intempestivamente, sempre per la controversia legale: dopo l'infruttuosa segnalazione del Rettore del Convitto all'Amministrazione Provinciale nel marzo 1919[6], e del parroco di San Giorgio al Sindaco di Teramo, nel marzo del 1920 l'ingegnere del Comune Carlo Pompetti relaziona che circa dodici metri quadrati del tetto della Chiesa sono caduti; inoltre tre punti della medesima falda minacciano la stessa rovina poiché l'asse di legno in parte è lesionato. Per le urgenti riparazioni occorrono circa 20 travi di abete di metri 4 di lunghezza ciascuno e circa 40 correntini[7]. Nel gennaio 1921 viene operato un altro sopralluogo dall'ufficio tecnico del Comune, nel quale viene constatato che le falde rivolte ad oriente nella 1a e 4a campata sono cadute per deficienza di dimensioni della travatura di legno, e che la travatura della 3a e 5a campata non è rotta, ma è molto infossata per cui è necessario sostituirla[8]. Nel preventivo di spesa di lire 2.650 viene dettagliata la natura dei lavori

---

6 Nel maggio 1919, dopo la segnalazione di «un operaio addetto alle riparazioni del locale del Convitto, che una parte del tetto, che copre la volta della chiesa, è caduto», l'ufficio tecnico provinciale relaziona che «il guasto è avvenuto esclusivamente al tetto della Chiesa dal lato sud per una estensione di circa 16 mq, rovinandosi completamente per rotture di travi e travicelle con deposito del materiale sulla volta della Chiesa. Per effetto di tale rovina si è guastato il doccione, che immette nell'imbuto per lo scarico delle acque pluviali nel doccione stesso di parte del tetto del Convitto. Pel ripristino dell'imbuto, trattandosi di interesse del fabbricato del Convitto, ho disposto la riparazione d'urgenza, per la quale la spesa sarà di circa L. 10. Pel ripristino del tetto della Chiesa, per la sola parta ora rovinata occorrerà una spesa di 500, e, volendo contemporaneamente compiere altre riparazioni necessari al detto tetto in altri punti, ove certamente avverrebbero presto gravi danni, la spesa complessiva può provvedersi in L. 1000». La Provincia ripara il doccione, ma si disinteressa del tetto della chiesa, «illegittimamente tenuta in possesso dal Parroco di S. Giorgio» (A.S.TE., Amministrazione Provinciale, b. 318, f. 1).
7 Lettera del 27 marzo 1920 a firma dell'ing. Carlo Pompetti dell'ufficio tecnico del Comune di Teramo indirizzata al Sindaco e avente per oggetto "Chiesa di S. Matteo. Rovina di parte del tetto" (Archivio del Comune di Teramo - in seguito A.C.Te. - b. 195, f. 9, *"Chiesa di San Matteo. Chiusura per ragioni di pubblica incolumità"*).
8 Lettera del 18 gennaio 1921 dell'ufficio tecnico del Comune di Teramo indirizzata al Sindaco e avente per oggetto "Riparazioni al tetto della Chiesa di S. Matteo" (A.C.Te., b. 195, f. 9).

e il materiale da utilizzare: riparazione completa della falda di tetto caduto sopra la volta della chiesa, con provvista e posa in opera di travi di abete dello spessore di cm. 13x16 e per la 1a e la 4a campata, falda ad est, per 35 mq; smontaggio e rimontaggio delle falde di tetto con travature deperite, per sostituire con nuovo legname la 3a campata, falda ad ovest, e la 5a campata, falda ad est, per un totale di mq. 32 (per queste occorre anche la fornitura di 10 travi in legno abete); correntini; 400 tegole comuni; 200 pianelle da tetto[9].

Nel mese di ottobre 1925 una parte di tetto sprofonda sulla volta di una cappella. Con un tempestivo sopralluogo l'ufficio tecnico rileva i danni e stila un preventivo nella spesa di lire 10.000, che non trova però concreta attuazione, e che prevedeva: revisione generale del tetto con parziale rinnovo delle armature in legno per 384 mq; sostituzione di 200 tegole; intonacature delle volte; intonacatura, profilatura e dipintura della cornice interna; ricostituzione della decorazione a colori e figure nella volta; restauri ai puttini e agli angeli[10]. Nel successivo aprile 1926 viene stilato un altro preventivo, molto più in economia, per una spesa di lire 2.800. I lavori risultano compiuti nel mese di agosto dalla ditta Biagio Cosmi. Questo è il dettaglio delle opere eseguite: smontaggio e ricomposizione dei tratti di tetto crollato con recupero di tutto il materiale utile (tetto della navata principale per 114 mq; tetto dei seminari per 34 mq); posa in opera della travatura necessaria alla formazione della nuova incavallatura ed armatura; posa in opera di canale da grondaia in lamiera di ml. 4,5 complessivi, e dei gomiti in lamiera; posa in opera di tubo di discesa in lamiera zincata ml. 2; 300 mattonelle da tetto; fornitura di 5 travi 11x13[11].

9 Preventivo della spesa occorrente per le riparazioni al tetto della chiesa di San Matteo del 18 gennaio 1921 a firma dell'ing. Carlo Pompetti dell'ufficio tecnico del Comune di Teramo (A.C.Te., b. 195, f. 9).

10 Elaborato denominato "Restauri alla Chiesa di S. Matteo. Mandato di Giunta 24 ottobre 1925. Computo e Stima", a firma dell'aiuto ingegnere dell'ufficio tecnico del Comune di Teramo (A.C.Te., b. 195, f. 9).

11 Elaborato denominato "Lavori di restauri al tetto della Chiesa di S. Matteo in Teramo eseguiti dal Sig. Cosmi Biagio" dell'11 agosto 1926 a firma dell'aiuto ingegnere dell'ufficio tecnico del Comune di Teramo (A.C.Te., b. 195, f. 9).

Nell'agosto 1930 si verifica un nuovo crollo del tetto, e la riparazione in questa circostanza viene eseguita abbastanza rapidamente dalla ditta Berardo Fabbiocchi. Questi sono i lavori compiuti ed i materiali impiegati: smontaggio, sostituzione delle armature e rimontaggio del tetto per 62,40 mq; revisione generale del tetto per mq. 178,40; 10 travi in legno 13x16 da m. 4; 25 mezzo murali da m. 4; 150 mattonelle da tetto; 500 tegole comuni; canalone lamiera zincata, imbuti e gomito[12].

Nel 1935, anche in vista del Congresso Eucaristico Nazionale, viene pensato di realizzare un importante restauro della chiesa, prevedendo anche il rinnovo degli interni, con il rifacimento del vecchio pavimento, degli altari, il ripristino dell'organo sulla tribuna e la torre campanaria. Si costituisce per la raccolta dei fondi un "Comitato per i Restauri" presieduto dal parroco Lorenzo Di Paolo. Per questi lavori viene approntato un preventivo dall'ingegnere Gino Mazzoncini, per una spesa di lire 23.314,59. Questi i lavori compresi nel preventivo, che comunque non troveranno mai la concreta realizzazione: ripassare per mano e rettificare tutto il tetto (per 322 mq) con sostituzione di travature (40 travi 13x16 da m. 4 in sostituzione a quelli guasti); 50 mezzomurali; 500 mattonelle da tetto; 1000 coppi; 2 conserve di lamiera di ferro zincato da m. 26; tubi di lamierino di ferro zincato per scarichi pluviali, compreso le staffe di sostegno per m. 12; tubi di eternit, incanalate nel muro, mediante traccia nel muro stesso (scolo dell'altro lato del tetto) con raccordi per m. 15; rifacimento dell'intonaco delle volte, degli stucchi, delle decorazioni e chiusura delle screpolature; gradini di accesso all'organo; demolizione del vecchio pavimento e e sterro per dar luogo al sottofondo in calcestruzzo cementizio per la nuova pavimentazione in marmo di Carrara; gradini di marmo per l'altare maggiore[13].

A fronte delle esigenze di restauro createsi ad inizio 1935, solo nel luglio 1936 l'ufficio tecnico del Comune compie un'ispe-

---

12 Conto finale dei lavori di restauro al tetto della chiesa di San Matteo del 5 gennaio 1931 a firma del cottimista Berardo Fabbiocchi (A.C.Te., b. 195, f. 9).

13 Progetto dei lavori di restauro della chiesa di San Matteo: computo metrico e preventivo di spesa del 27 febbraio 1935 elaborato dallo studio tecnico dell'ingegnere Gino Mazzoncini di Teramo (A.C.Te., b. 195, f. 9).

zione nella chiesa, constatando come «le continue infiltrazioni di acque verificatesi nelle murature interne e nella volta della Chiesa, dipendono dallo stato di avanzato degradamento in cui si trovano i canali di gronda ed i tubi pluviali di discesa dell'edificio. Per eliminare definitivamente l'inconveniente lamentato e ad evitare ulteriori danni alle murature ed agli intonachi interni, è necessario rinnovare totalmente il materiale suddetto. Nella perizia che si alliga i canali sono stati previsti con lamiera di ferro zincato del diametro di cm. 20, verniciati con antiruggine e messi in opera con tenute nuove di ferro; gli imbuti ed i tubi di discesa sono stati invece previsti in "Eternit", tenuto conto che i tubi stessi devono essere parzialmente incassati nei muri e devono pertanto essere assolutamente impermeabili. E' opportuno infine eseguire il ritrattamento generale del tetto, essendosi riscontrato tracce di umidità in vari punti del soffitto»[14]. L'importo dei lavori è di lire 2000, e gli stessi risultano eseguiti in breve tempo dal cottimista Pietro Vimini. Questo il dettaglio dei lavori e del materiale impiegato: ritrattamento superficiale dei tetti (navata centrale per mq. 258,64; falde laterali per mq. 67; tetti adiacenti per mq. 40,25) per una superficie di mq. 365,89; canali di gronda in lamiera di ferro zincato diametro cm. 20 compresa di tenuta di ferro, la verniciatura e la posa in opera per ml. 50,70; tubi pluviali in lamiera di ferro zincato di diametro cm. 8, compresi i raccordi, verniciati in opera, per ml. 2,40; tubi pluviali "Eternit" di diametro cm. 12 per ml. 14,75; 2 imbuti grandi; 2 raccordi curvi "Eternit" per pluviali da cm. 12; 1400 tegole comuni; 200 mattonelle da tetto; 4 mezzo murali da ml. 4; posa in opera di inferriata; condottino di scarico a mattoni delle dimensioni interne di cm. 20x20 per ml. 2,00[15].

Nel febbraio 1938 si verifica l'ennesimo crollo del tetto, ed in questa occasione c'è la necessita di provvedere al danno causato dalla

---

14 Lettera del 7 luglio 1936 a firma dell'ingegnere capo dell'ufficio tecnico del Comune di Teramo Boldrini indirizzata al Podestà avente per oggetto "Restauri urgenti al tetto della Chiesa di S. Matteo in Teramo" (A.C.Te., b. 195, f. 9).
15 Perizia dei lavori di restauri urgenti alla chiesa di San Matteo in Teramo del 7 luglio 1936 a firma dell'ingegnere capo dell'ufficio tecnico del Comune di Teramo Boldrini (A.C.Te., b. 195, f. 9).

caduta del sostegno delle due campanelle dell'orologio. La richiesta di contributo che il comitato per i restauri della chiesa avanza a luglio al Comune rientra nel quadro di un nuovo e più ampio preventivo stilato dall'ingegnere Nicola Pieranunzi, che prevede restauri interni ed esterni per un importo di lire 43.000. A fronte di una richiesta per la sistemazione esterna della chiesa di lire 5.300 il comune prevede di impegnare solo lire 450, peraltro mai effettivamente erogate, come del resto non saranno più finanziati dal Comune ulteriori interventi sulla malandata chiesa, che vedrà crescere sempre più il suo stato di degrado.

La fatiscenza della chiesa risulta accuratamente documentata nello stesso anno 1938 in una perizia stilata dal Pieranunzi, che descrive chiaramente i mali che affliggono la chiesa: «la quinta campata, a cominciare dalla facciata, presenta poca sicurezza per il cedimento degli arcareggi, i quali mostrano una curvatura pericolosa, che negli ultimi anni si è andata accentuando in modo preoccupante; il legname delle capriate è in buona parte fradicio e corroso e in particolare i puntoni hanno ceduto, causando lo spostamento dei monaci fino a farli appoggiare sulle catene; l'attuale cella campanaria si è distaccata dal restante muro spiombando di parecchi centimetri dalla verticale e spostando anche la tettoia, onde tutta quella parte di muratura risulta instabile e minaccia di cadere; l'arcone superiore tra la Chiesa e l'abside, per difetto di costruzione o per successiva rovina, è incompleto ed ha pericolosi caratteri di stabilità; il muro posto tra l'arco interno della Chiesa e il sovrastante arcone è leggerissimo e la malta in molti punti è distrutta, tanto che tra gli interstizi delle pietre si scorge la sottostante Chiesa»[16].

Nel mese di marzo 1939 il Podestà Sigismondo Montani delibera l'abbattimento della chiesa, anche se si succederanno fasi decisamente alterne sulla sorte del fabbricato. Infatti ad inizio 1940 a fronte delle ripetute richieste avanzate dal parroco Lorenzo Di Paolo, sembrava che la Provincia fosse sul punto di assegnare alla chiesa i locali insistentemente reclamati per gli uffici parrocchiali, mettendo

---

16 *"Oratorio di San Matteo. Relazione"*, stilata dal Comune di Teramo, pagg. 42-43 (A.C.Te., b. 195, f. 9).

a disposizione i «vani retrostanti all'Altare Maggiore, attualmente occupati dall'Archivio di Stato, nonché il corridoio laterale della Chiesa lato Teatro, nella parte che risulterà libera dopo la costruzione della gradinata d'ingresso al piano superiore, e il vano di accesso alla cella campanaria ivi compresa parte dell'attuale autorimessa della M.V.S.N»[17].

Ad aprile, quando è imminente la demolizione dell'ex-convitto, si pensa ancora di conservare la chiesa, poiché vengono esaminati dai tecnici comunali, e sottoposti alla Provincia che ne curerà la demolizione, gli aspetti attinenti la preservazione della struttura della chiesa, in particolare quella staticità che costituirà la variabile che infine farà propendere per l'abbattimento dell'edificio, e che tuttavia in un primo momento non sembrava costituire un ostacolo insormontabile: «considerato che la Chiesa è coperta con volta di mattoni, spingente nel fianco della Chiesa che rimarrà libero dopo la demolizione, si rende necessario redigere una sezione trasversale per stabilire se sia il caso o meno di applicare incatenature al Sacro edificio, o ricorrere ad altro espediente tecnico, atto ad eliminare la spinta suddetta»[18]. Anche l'Amministrazione Provinciale esegue una dettagliata analisi: «per garantire la stabilità della volta, si propone la sopraelevazione dei quattro muri normali alla facciata del fianco, con muratura a mattoni in malta di cemento a 450. Con questo robusto rinfianco si elimina ogni eventualità di deformazione della volta. La falda del tetto a copertura della navata laterale interessata dai lavori di isolamento, attualmente con inclinazione verso la Chiesa, viene smontata, abbassata ed appoggiata su i muri da sopraelevare e su quelli che verranno parzialmente demoliti fino a raggiungere la quota necessaria»; (...) «dalle esplorazioni compiute alle fondazioni dei

---

17 Lettera dell'Amministrazione Provinciale di Teramo dell'11 gennaio 1940 a firma del Preside Flajani indirizzata al parroco della chiesa di San Matteo avente per oggetto "Chiesa di S. Matteo. Concessione di vani occupati dal R. Archivio di Stato" (Archivio di Stato di Teramo, Fondo Prefettura, Affari di culto, *"Chiesa San Matteo"*: b. 58, f. 6).
18 Lettera del Podestà di Teramo Umberto Adamoli del 25 aprile 1940 indirizzata al Preside della Provincia di Teramo avente per oggetto "Chiesa di S. Matteo" (A.C.Te., b. 195, f. 9).

muri interessati, verso il largo del Teatro, è risultato che questi sono ben costruiti e raggiungono il banco breccioso»[19].

All'atto pratico però la demolizione dell'ex-convitto sembra presentare una situazione insanabile per la chiesa, per cui alla chiusura temporanea decretata nell'aprile del 1940 segue la decisione definitiva di demolirla per la fatiscenza della struttura e per indifferibili motivi di pubblico interesse, per la tutela della pubblica incolumità. Nella ordinanza di demolizione del 25 ottobre viene spiegato che la chiesa venne chiusa ad aprile a causa delle condizioni statiche poco rassicuranti e per consentire la demolizione del restante fabbricato; sono anche precisati i motivi tecnici che rendono irreversibile la decisione della demolizione stessa: «veniva interessata l'Amministrazione provinciale ad adottare, nelle opere di demolizione, tutti quegli accorgimenti tecnici atti ad evitare l'eventuale crollo del sacro edificio; la detta Amministrazione provvide infatti ad alcune opere di rafforzamento del muro laterale, liberato dalle demolizioni, opere di carattere precario e contingente, nell'attesa di provvedimenti definitivi. (...) La volta di copertura della chiesa, costituita in mattoni di grosso spessore, impostata a considerevole altezza, grava fortemente sui muri laterali di appoggio. Già fin dai tempi remoti, pur con il contrasto dell'edificio ora abbattuto, i muri laterali hanno dato prova di insufficiente resistenza alle sollecitazioni prodotte dalla volta sovrastante, per cui si sono manifestate sintomatiche lesioni longitudinali, con conseguente caduta degli intonachi e delle decorazioni a stucco di grosso spessore, applicate all'intradosso della volta stessa. Maggiore probabilità di ulteriori cedimenti potrà aversi ora che il muro di appoggio è chiamato da solo a resistere alla spinta della volta, senza l'ausilio dell'edificio abbattuto, tenuto conto specialmente della struttura deficiente del muro, costituito di pietre rotonde unite da malta di debole presa. Data appunto la incoerenza della massa muraria, nessuna opera eventuale di consolidamento può ritenersi efficace. Ciò posto, se si considera che già sono trascorsi alcuni

---

19 Lettera dell'Amministrazione della Provincia di Teramo del 4 maggio 1940 indirizzata al Podestà di Teramo avente per oggetto "Chiesa di S. Matteo" (A.C.Te., b. 195, f. 9).

mesi dalle demolizioni eseguite; che i lievi rafforzamenti effettuati a cura dell'Amministrazione Prov.le se adeguati in un primo momento non possono garantire ulteriormente la stabilità della chiesa; che anche il tetto di copertura è molto deteriorato e dà luogo ad infiltrazioni di acque che potrebbero ancora aggravare le condizioni statiche della Chiesa, specie con il sopravvenire della prossima stagione invernale; che infine non si rendono possibili opere definitive di consolidamento e, comunque, queste sarebbero molto costose ed inadeguate al valore ed importanza dell'edificio»[20].

Viene quindi avviata la procedura che condurrà all'esecuzione della demolizione, affidata alla ditta Beniamino Melasecchi. Nel novembre 1940 viene stilato il "foglio di condizioni" che descrive la procedura da compiere, che prevede: «Smontaggio del tetto e delle grosse incavallature che lo sostengono; demolizione delle volte della Chiesa e delle arcate intermedie; abbattimento dei muri della chiesa esclusi i muri di divisione o di confine coll'ex fabbricato del Liceo-convitto; demolizione del pavimento; smontaggio dell'altare principale e degli altari secondari laterali; smontaggio dell'organo, dell'orologio e relativo macchinario, delle campane, del portale in pietra sul fronte principale. I materiali di recupero risultanti dalle demolizioni restano di proprietà dell'Impresa, esclusi l'organo, l'orologio ed il macchinario, le campane, il portale di pietra ed il portone d'ingresso, che l'Impresa trasporterà in deposito presso i magazzini comunali. Il materiale inutile e di rifiuto sarà man mano trasportato alle pubbliche discariche»[21].

Il 16 gennaio 1941 inizia la demolizione. Il Vescovo Micozzi nel disperato tentativo di interromperla intraprende un'azione legale, chiedendo tra l'altro l'accesso alla chiesa, per consentire al suo tecnico di fiducia un sopralluogo allo scopo di verificare le reali condizioni statiche della chiesa. L'ingegnere Filippo Sneider esegue il 22 gennaio due accessi alla chiesa: nel mattino prende visione del

20 Deliberazione Podestarile del Municipio di Teramo del 25 ottobre 1940 avente per oggetto "Demolizione Chiesa di S. Matteo" (A.C.Te., b. 195, f. 9).
21 Elaborato in copia dell'8 novembre 1940 stilato dal Comune di Teramo e denominato "Foglio di condizioni per provvedere ai lavori di demolizione della Chiesa di S. Matteo, sul Corso S. Giorgio" (A.C.Te., b. 195, f. 9).

prospetto e dà uno sguardo sommario allo stato del fabbricato, non essendo riuscito ad accedere all'interno, poiché era in corso la demolizione dell'ultima parte del tetto e del timpano di coronamento del prospetto. Nel pomeriggio riesce ad entrare nella chiesa e prende visione dello stato del tempio «al quale purtroppo era stata già demolita la bellissima volta fino all'arco del presbiterio». Le modalità di esecuzione della demolizione evidenziavano secondo l'ingegnere che «non solo non vi era alcuna preoccupazione per la stabilità della costruzione, in quanto non si erano predisposti nè i puntellamenti nè alcuna opera provvisionale, come sarebbe stato necessario se il fabbricato fosse stato fatiscente, ma non si era presa nessuna precauzione per salvare qualcuno dei dettagli di maggior valore della decorazione, quali potrebbe essere stato il portale dell'ingresso principale, le statue che decoravano il presbiterio ecc. La demolizione procedeva come per un fabbricato condannato alla totale distruzione. (...) I danni lamentati riguardavano le coperture a tetto, per il restauro del quale nel 1939 lo stesso Comune di Teramo, patrono della chiesa, aveva stanziato una somma, e la decorazione della volta della navata che conseguentemente era stata danneggiata da infiltrazione d'acqua e dalla caduta di materiale di copertura. Le strutture verticali, che [l'ingegnere] ha potuto personalmente osservare, non facevano sorgere alcun dubbio sulla loro stabilità; d'altra parte l'organismo della Chiesa era tale che avrebbe reso possibile qualsiasi restauro delle strutture di copertura, in quanto la spinta della volta della navata centrale era ben bilanciata dal peso del tetto e dai muri delle quattro cappelle laterali con il loro asse normale a quello della navata centrale. La buona stabilità della Chiesa è confermata anche dall'esame delle strutture portanti che erano rimaste a nudo nel corso dei lavori di demolizione; tali strutture e precisamente la piattabanda della grande finestra sul prospetto, la volta del presbiterio, gli zamini della volta centrale, le piattabande delle finestre laterali, gli archi e le volte delle Cappelle non presentavano lesioni anche dopo fatta crollare la volta; ciò fa escludere qualsiasi sospetto che la Chiesa minacciasse rovina. Inoltre che nessun dubbio fosse sorto sulla stabilità è dimostrato dal fatto che la Chiesa è stata demolita dopo che si era provveduto al suo isolamento senza il verificarsi di alcuna lesione sui muri di perimetro, che venivano abbattuti senza opera di puntellamento, permettendo allo stesso tempo agli operai di procedere alla demolizione lavorando sul loro spessore».

Secondo lo Sneider «l'unica motivazione dell'abbattimento della Chiesa potrebbe essere data dalla necessità, sentita dal Comune di Teramo, di portare il fronte della Chiesa stessa sull'allineamento dei prospetti dei nuovi fabbricati del Corso S. Giorgio, dal quale sarebbe venuto a sporgere di circa due metri. Ma l'esiguità di tale sporgenza, il valore artistico della Chiesa ed il limitato traffico della strada avrebbe dovuto escludere senz'altro una soluzione in tal senso, poiché anche quando ciò fosse stato indispensabile, il che non sembra, (...) colle dovute cautele si sarebbe potuto provvedere ad un arretramento del prospetto, soluzione già presa in considerazione ed abbandonata senza alcuna giustificato motivo dal Comune di Teramo». Quindi «le condizioni statiche della Chiesa di S. Matteo erano tali da escludere senz'altro la necessità di una demolizione»[22].

A demolizione conclusa da circa un mese, l'ufficio tecnico del Comune replica alle argomentazioni dell'ingegnere Sneider, sostenendo che la visita di questi ebbe luogo dopo quattro giorni dall'inizio della demolizione, quando lo stato dei lavori era così avanzato «che, come ha dichiarato lo stesso ingegnere, la volta era nella maggior parte abbattuta. Non era più possibile quindi da parte del suddetto ingegnere, fare apprezzamenti anche con una certa approssimazione, sulle condizioni statiche, sia della volta, sia dei muri di sostegno. Se per le demolizioni non furono predisposti i puntellamenti, nè alcuna opera provvisionale, tale circostanza non costituisce sufficiente argomentazione per escludere la fatiscenza dell'edificio. Nel caso specifico tale circostanza sta a dimostrare proprio il contrario, poiché, come in effetti è avvenuto, lo stato di precarietà statica dell'edificio non consigliava affatto di ricorrere alle opere di puntellamento, cosa che non si mancò del resto di esaminare in

---

22 Relazione sullo stato di stabilità della chiesa di San Matteo in Teramo del 24 gennaio 1941 a firma dell'ingegnere Filippo Sneider (Archivio di Stato di Teramo, Fondo Prefettura, Affari di culto, *"Chiesa San Matteo"*: b. 58, f. 6).

primo momento, ma vi si dovette rinunziare, per non esporre a serio rischio gli operai che avrebbero dovuto lavorare al disotto della volta pericolante e poteva bastare un minimo scuotimento per turbare lo stato di equilibrio della volta stessa. Detti puntellamenti si presentavano di eccezionale difficoltà, data la considerevole altezza della volta sul pavimento, per cui fu miglior partito di provocarne la caduta (non molto facile per le sue condizioni di degradamento), con i dovuti accorgimenti per l'incolumità degli operai e del pubblico transito nelle vie circostanti. (...) La volta già da tempo portava le caratteristiche lesioni in chiave ed ai fianchi, indizio di considerevole abbassamento, avvenuto per cedimenti dei muri laterali di appoggio, fortemente sollecitati dalla spinta della pesante volta costituita di mattoni dello spessore di una porta.

Si aggiunga la pessima compagine della muratura, costituita con pietrame minuto e rotondo e con malto di debole presa. Detta compagine si è resa ancor più incoerente per effetto delle infiltrazioni di acqua, perpetuatesi per lungo tempo sui detti muri. Le acque piovane, provenienti dal tetto, si raccoglievano su grondaie di muratura e canaletti che correvano alla sommità dei muri ed erano convogliate su condotti di scarico ricavati nello spessore dei muri stessi e costituiti di materiale di cotto, irrazionalmente costruiti.

Per le lesioni provocate dalla spinta della volta, e per difetto di costruzione, detti canali e condotti di scarico lasciavano penetrare acqua nello spessore dei muri causando il disfacimento delle malte.

Il comune di Teramo provvide varie volte, nel corso degli anni, a lavori di lievi entità atti possibilmente ad eliminare l'inconveniente suddetto, ma senza mai riuscirvi, essendo all'uopo necessario, più che altro, opere di carattere più radicale. Le deformazioni della volta e le lesioni che ne conseguirono provocarono il distacco e la caduta degli intonachi e delle decorazioni del soffitto, lesioni e cedimenti delle piattabande alle finestre. (...) Dette lesioni sono venute sempre più aggravandosi negli ultimi tempi per cedimento generale dei muri laterali, sulla cui parete interna, verso nord-ovest, si notava un sensibile strapiombo mentre sulla volta, un più evidente abbassamento, tale da determinare lungo la linea di chiave una larga incrinatura, per cui il contrasto della volta non si esercitava più su tutto lo spessore del giunto ma sul solo lembo di estradosso.

Già prima di provvedere alla demolizione del fabbricato attiguo alla Chiesa, sul lato nord-ovest, l'amministrazione, preoccupata delle condizioni statiche del sacro edificio, ne ordinò la chiusura al culto, dapprima in via temporanea, per il periodo della esecuzione delle demolizioni, provvedendo a fare eseguire alcune opere di rafforzamento del muro laterale della Chiesa, in confine con il fabbricato in corso di demolizione. Tuttociò nell'intento di raggiungere quanto era nel desiderio dell'amministrazione e cioè la conservazione, nei limiti del possibile, della Chiesa. Ma nonostante l'esecuzione dei suddetti lavori, in seguito ad un ulteriore e dettagliato esame delle strutture reso agevole soltanto con le demolizioni suindicate, si dovette constatare la impossibilità di indugiare ancora per ulteriore tempo nella demolizione della Chiesa, dato che era da ritenersi molto probabile la caduta della volta, con ripercussione sui muri di ambito e quindi con pericolo per la pubblica incolumità»[23].

---

23 Relazione in minuta dell'ufficio tecnico del Comune di Teramo del 23 febbraio 1941 (A.C.Te., b. 195, f. 9).

BIBLIOGRAFIA

GIULIO DI NICOLA, *"La chiesa di S. Matteo in Teramo"*, 1977-1981, dattiloscritto.

NICCOLA PALMA, *"Storia ecclesiastica e civile della città di Teramo"*, volume IV, 1834.

NICCOLA PALMA, *"Storia della città e diocesi di Teramo"*, volume terzo, edizione della Cassa di Risparmio della Provincia di Teramo, 1980.

GIUSEPPE FABIANI, *"Artisti del sei-settecento in Ascoli"*, Collana di pubblicazioni storiche ascolane, XII, Ascoli Piceno, Società Tipo-litografica editrice, 1961.

STEFANO PAPETTI, *"I Giosafatti ad Ascoli Piceno"*, in 'Calendario Tercas 1990'.

ANTONIO DE NINO, *"Sommario biografico di artisti abruzzesi non ricordati nella storia dell'arte"*, Casalbordino, N. De Arcangelis Editore, 1887.

GAETANO MIARELLI MARIANI, *"Monumenti nel tempo. Per una storia del restauro in Abruzzo e nel Molise"*, Carucci editore Roma, 1979.

ALIDA SCOCCO MARINI, *"Le chiese nei quartieri di Teramo"*, Emmegrafica Teramo, 2001.

VINCENZO IRELLI, *"Breve cronaca dei miglioramenti edilizii, igienici, e commerciali succedutisi nella Città di Teramo nel percorso del secolo che volge, narrata dal Senatore Irelli"*, Teramo, Stab. Tip. Q. Scalpelli e figlia, 1890 (su Internet: www.delfico.it/Testi_irellibrevecronaca.htm).

SALVATORE RUBINI, *"La chiesa di San Matteo ed il movimento d'arte barocca a Teramo"* in "Teramo. Bollettino mensile del Comune di Teramo", anno III (1934), n. 9-10, settembre-ottobre (su Internet: www.delfico.it/Testi Rubini 1934 01.htm).

FAUSTO EUGENI, *"Piazza Dante e dintorni (1703-1960)"*, in 'Annuario 1993-1994' del Liceo Ginnasio Statale "Melchiorre Delfico" di Teramo, Edigrafital.

FRANCESCO TENTARELLI, *"Ciò che è vivo e ciò che è morto nell'arte barocca a Teramo. Note sulla cultura del restauro nel Ventennio"* in *"Il Duomo di Teramo nel '900 tra forma urbana e società civile"*, Teramo, Deltagrafica, 1998.

FRANCESCO TENTARELLI, *"Francesco Savini e il restauro delle chiese di Teramo"* in *"Per una storia d'Abruzzo del XX Secolo"*, Atti del Convegno su Francesco Savini, Mosciano S. Angelo-Teramo, 5-6 dicembre 2002, Istituto Abruzzese di Ricerche Storiche, Teramo, Edigrafital.

V. BALZANO, *"L'Architettura e la Scultura barocca in Abruzzo"* in "Rivista abruzzese", 1952, n. 3.

A. SCARSELLI, *"Il Regio Archivio nel palazzo nel palazzo dell'ex-R. Collegio"*, in "Il Messaggero" dell'11 giugno 1936.

COPPA-ZUCCARI LUIGI, *"L'invasione francese negli Abruzzi (1798-1815)"*, volume IV, Roma, Tipografia Consorzio Nazionale, 1939.

MUZII MUZIO, *"Storia della città di Teramo"*, Manoscritto Ashburnham 1261 della Biblioteca Mediceo-Laurenziana di Firenze, a cura di Luciano Artese, Teramo, Deltagrafica, 1993.

"Gente d'Abruzzo. Dizionario Biografico" a cura di ENRICO DI CARLO, Andromeda Editrice, 2006.

"Atti del Consiglio Provinciale di Teramo", Anno 1900, Tipografia De Carolis, 1900.

"Atti del Consiglio Provinciale di Teramo", Anno 1909, Tipografia De Carolis, 1909.

"Bollettino Diocesano di Teramo e Atri", 1981, n. 1.

"Comparsa conclusionale" nella causa civile sommaria dinanzi il Tribunale civile di Teramo a favore del Sindaco del Comune di Teramo, dattiloscritto, 1901.

"Memoria difensiva" per l'Amministrazione Provinciale di Teramo contro Mons. Vescovo Aprutino, Unione Cooperativa Editrice Roma, 1901.

"Memoria difensiva" per S.E. Rev.ma Monsignor Vescovo Aprutino sulla *"Natura giuridica della Chiesa di S. Matteo in Teramo, suo patronato, demanialità pubblica ed incommerciabilità"*, Teramo, Stab. Tipografico del Centrale, 1902.

"Memoria difensiva" per S.E. Rev.ma Monsignor Vescovo Aprutino sulla *"Natura giuridica della Chiesa di S. Matteo in Teramo, suo patronato, demanialità pubblica ed incommerciabilità"*, Teramo, Tipografia De Carolis, 1904.

"Memoria difensiva" per l'udienza del 24 giugno 1904 presso il R. Tribunale Civile di Teramo per il Parroco di S. Giorgio in Teramo sulla *"Illegalità del deliberato abbattimento della Chiesa di S. Matteo in Teramo"*, Tipografia Commerciale B. Cioschi, 1904.

"Comparsa conclusionale" nella causa civile sommaria dinanzi il Tribunale civile di Teramo a favore del Rettore del R. Convitto Melchiorre Delfico di Teramo, 1904.

"Comparsa conclusionale" presso la Corte di Appello di Aquila a favore di S.E. Rev.ma Monsignor Alessandro Beniamino Zanecchia Ginnetti, 1910.

"Sentenza" nella causa civile sommaria in appello presso la Regia Corte d'Appello degli Abruzzi, L'Aquila, 1912.

"Della Chiesa di San Matteo", relazione dattiloscritta del Comune di Teramo, pagg. 13, 1940 circa.

"Oratorio di S. Matteo. Relazione", dattiloscritto del Comune di Teramo, pagg. 84, 1940 circa.

INDICE DEI NOMI

Jobbi (don) 52
Lucangeli Giovanni (podestà) 21
Marchetti 46
Marcozzi (don) 52
Marmaggi Francesco (cardinale) 31, 32
Masi Attilio 31
Mazzoncini Gino 20,21,22,27, 46, 71, 71n
Melasecchi Beniamino 23, 30, 33, 59, 76
Miarelli Mariani Gaetano 6n
Micozzi Antonio (vescovo) 17n, 20, 20n, 23, 25, 29, 31, 32, 34, 35, 36, 38n, 39, 56, 65, 76
Montani Sigismondo (podestà) 24, 26, 54
Morricone (don) 52
Moruzzi Francesco 14, 15
Mussolini Benito 22n, 23, 33, 38, 38n, 41, 50, 61 , 65
Muzi Muzio 42n
Muzj Giovanni (monsignore) 14, 14n, 17, 32, 42n, 44n, 45, 46, 52
Nanni Francesco Antonio (vescovo) 5, 10
Napoleone Gioacchino 4
Nicolini Maria Antonia 3
Palma Nicola 3, 3n, 4n, 5n, 12, 12n, 42n
Palma Pancrazio (sindaco) 19
Palombieri Arturo 22
Palombieri N. 22
Paolo III (papa) 3
Pediconi (ditta) 24

Pennelosa Alonso 3
Pieranunzi Nicola 23, 27, 27n, 46, 73
Pinelli Luigi Maria 4n
Pio X (papa) 20n
Pompetti Carlo 14, 69, 69n, 70n
Pompetti Marcello 5n
Princi Marco 3
Rocco Alfredo 18
Ronchi Renata 15n
Rubini Salvatore 9n, 12, 35, 36, 36n, 63
Salamiti Anna Catarina 12n
Sambiase (don) 4n
Sardella Andrea 5n
Savini Francesco 11n, 40n, 42n, 46
Savini Vincenzo 27n
Scocco Marini Alida 6n
Sneider Filippo 33,34,76,78,78n
Tentarelli Francesco 40n
Thaulero G.B. 5n
Tincani Andrea (prefetto) 27, 31, 32, 34, 35, 36, 63, 64
Tripoti Vincenzo 67n
Tullij Alessio 5n
Tullij Francesco Saverio 5n
Vagnon Timoteo (don) 5
Varano Alberto (prefetto) 21, 24, 49
Vimini Pietro 22, 72
Zanecchia Alessandro (vescovo) 15n,17n

INDICE

www.ingramcontent.com/pod-product-compliance
Lightning Source LLC
Chambersburg PA
CBHW072308200526
45168CB00014B/889